RUSSO

VOCABULÁRIO

PORTUGUÊS BRASILEIRO

PORTUGUÊS RUSSO

Para alargar o seu léxico e apurar
as suas competências linguísticas

7000 palavras

Vocabulário Português Brasileiro-Russo - 7000 palavras

Por Andrey Taranov

Os vocabulários da T&P Books destinam-se a ajudar a aprender, a memorizar, e a rever palavras estrangeiras. O dicionário é dividido em temas, cobrindo todas as principais esferas de atividades quotidianas, negócios, ciência, cultura, etc.

O processo de aprendizagem, utilizando os dicionários baseados em temáticas da T&P Books dá-lhe as seguintes vantagens:

- Informação de origem corretamente agrupada predetermina o sucesso em fases subsequentes da memorização de palavras
- Disponibilização de palavras derivadas da mesma raiz, o que permite a memorização de unidades de texto (em vez de palavras separadas)
- Pequenas unidades de palavras facilitam o processo de estabelecimento de vínculos associativos necessários para a consolidação do vocabulário
- O nível de conhecimento da língua pode ser estimado pelo número de palavras aprendidas

T&P Books Publishing
www.tpbooks.com

ISBN: 978-1-78767-340-3

Este livro também está disponível em formato E-book.
Por favor visite www.tpbooks.com ou as principais livrarias on-line.

VOCABULÁRIO RUSSO
palavras mais úteis

Os vocabulários da T&P Books destinam-se a ajudar a aprender, a memorizar, e a rever palavras estrangeiras. O vocabulário contém mais de 7000 palavras de uso comum organizadas tematicamente.

O vocabulário contém as palavras mais comummente usadas
Recomendado como adicional para qualquer curso de línguas
Satisfaz as necessidades dos iniciados e dos alunos avançados de línguas estrangeiras
Conveniente para o uso diário, sessões de revisão e atividades de auto-teste
Permite avaliar o seu vocabulário

Características especias do vocabulário

*   As palavras estão organizadas de acordo com o seu significado, e não por ordem alfabética
*   As palavras são apresentadas em três colunas para facilitar os processos de revisão e auto-teste
*   As palavras compostas são divididas em pequenos blocos para facilitar o processo de aprendizagem
*   O vocabulário oferece uma transcrição simples e adequada de cada palavra estrangeira

O vocabulário contém 198 tópicos incluindo:

Conceitos básicos, Números, Cores, Meses, Estações do ano, Unidades de medida, Roupas & Acessórios, Alimentos & Nutrição, Restaurante, Membros da Família, Parentes, Caráter, Sentimentos, Emoções, Doenças, Cidade, Passeios, Compras, Dinheiro, Casa, Lar, Escritório, Trabalho no Escritório, Importação & Exportação, Marketing, Pesquisa de Emprego, Esportes, Educação, Computador, Internet, Ferramentas, Natureza, Países, Nacionalidades e muito mais ...

TABELA DE CONTEÚDOS

GUIA DE PRONUNCIAÇÃO

Alfabeto fonético T&P	Exemplo Russo	Exemplo Português

Consoantes

[b]	абрикос [abrikós]	barril
[d]	квадрат [kvadrát]	dentista
[f]	реформа [refórma]	safári
[g]	глина [glína]	gosto
[ʒ]	массажист [masaʒïst]	talvez
[j]	пресный [présnïj]	Vietnã
[h], [x]	мех, Пасха [méh], [pásxa]	[h] aspirada
[k]	кратер [krátɛr]	aquilo
[l]	лиловый [lilóvïj]	libra
[m]	молоко [molokó]	magnólia
[n]	нут, пони [nút], [póni]	natureza
[p]	пират [pirát]	presente
[r]	ручей [rutʃéj]	riscar
[s]	суслик [súslik]	sanita
[t]	тоннель [tɔnélʲ]	tulipa
[ʃ]	лишайник [liʃájnik]	mês
[tʃ]	врач, речь [vrátʃ], [rétʃʲ]	Tchau!
[ts]	кузнец [kuznéts]	tsé-tsé
[ʃʲ]	мощность [móʃʲnɔstʲ]	shiatsu
[v]	молитва [molítva]	fava
[z]	дизайнер [dizájnɛr]	sésamo

Símbolos adicionais

[ʲ]	дикарь [dikárʲ]	sinal de palatalização
[·]	автопилот [aftɔ·pilót]	ponto mediano
[ˈ]	заплата [zapláta]	acento principal

Vogais acentuadas

[á]	платье [plátje]	chamar
[é]	лебедь [lébetʲ]	metal
[ǿ]	шахтёр [ʃahtǿr]	ioga
[í]	организм [ɔrganízm]	sinônimo
[ó]	роспись [róspisʲ]	lobo
[ú]	инсульт [insúlʲt]	bonita

Alfabeto fonético T&P	Exemplo Russo	Exemplo Português
[ĩ]	добыча [dɔbĩʧa]	sinônimo
[æ]	полиэстер [pɔliæstɛr]	semana
['ú], [jú]	салют, юг [salʲút], [júg]	nacional
['á], [já]	связь, я [svʲásʲ], [já]	Himalaias

Vogais não acentuadas

[a]	гравюра [gravʲúra]	som neutro, semelhante a um xevá [ə]
[e]	кенгуру [kengurú]	som neutro, semelhante a um xevá
[ə]	пожалуйста [pɔʒáləsta]	milagre
[i]	рисунок [risúnɔk]	sinônimo
[ɔ]	железо [ʒelézɔ]	som neutro, semelhante a um xevá
[u]	вирус [vírus]	bonita
[ɨ]	первый [pérvɨj]	sinônimo
[ɛ]	аэропорт [aɛrɔpórt]	mesquita
['u], [ju]	брюнет [brʲunét]	nacional
[ɪ], [jɪ]	заяц, язык [záɪʦ], [jɪzɨ̃k]	som neutro, semelhante a um xevá
['a], [ja]	няня, копия [nʲánʲa], [kópija]	Himalaias

11

ABREVIATURAS
usadas no vocabulário

Abreviaturas do Português

adj	-	adjetivo
adv	-	advérbio
anim.	-	animado
conj.	-	conjunção
desp.	-	esporte
etc.	-	Etcetera
ex.	-	por exemplo
f	-	nome feminino
f pl	-	feminino plural
fem.	-	feminino
inanim.	-	inanimado
m	-	nome masculino
m pl	-	masculino plural
m, f	-	masculino, feminino
masc.	-	masculino
mat.	-	matemática
mil.	-	militar
pl	-	plural
prep.	-	preposição
pron.	-	pronome
sb.	-	sobre
sing.	-	singular
v aux	-	verbo auxiliar
vi	-	verbo intransitivo
vi, vt	-	verbo intransitivo, transitivo
vr	-	verbo reflexivo
vt	-	verbo transitivo

Abreviaturas do Russo

возв	-	verbo reflexivo
ж	-	nome feminino
ж мн	-	feminino plural
м	-	nome masculino
м мн	-	masculino plural
м, ж	-	masculino, feminino
мн	-	plural
н/пх	-	verbo intransitivo, transitivo

н/св	-	aspeto perfetivo/imperfetivo
нпх	-	verbo intransitivo
нсв	-	aspeto imperfetivo
пх	-	verbo transitivo
с	-	neutro
с мн	-	neutro plural
св	-	aspeto perfetivo

CONCEITOS BÁSICOS

Conceitos básicos. Parte 1

1. Pronomes

eu	я	[já]
você	ты	[tî]
ele	он	[ón]
ela	она	[ɔná]
ele, ela (neutro)	оно	[ɔnó]
nós	мы	[mî]
vocês	вы	[vî]
eles, elas	они	[ɔní]

2. Cumprimentos. Saudações. Despedidas

Oi!	Здравствуй!	[zdrástvuj]
Olá!	Здравствуйте!	[zdrástvujte]
Bom dia!	Доброе утро!	[dóbrɔe útrɔ]
Boa tarde!	Добрый день!	[dóbrij dénʲ]
Boa noite!	Добрый вечер!	[dóbrij vetʃer]
cumprimentar (vt)	здороваться (нсв, возв)	[zdɔróvatsa]
Oi!	Привет!	[privét]
saudação (f)	привет (м)	[privét]
saudar (vt)	приветствовать (нсв, пх)	[privétstvovatʲ]
Como você está?	Как у вас дела?	[kák u vás delá?]
Como vai?	Как дела?	[kák delá?]
E aí, novidades?	Что нового?	[ʃtó nóvɔvɔ?]
Tchau! Até logo!	До свидания!	[dɔ svidánija]
Até breve!	До скорой встречи!	[dɔ skórɔj fstrétʃi]
Adeus! (sing.)	Прощай!	[prɔʃáj]
Adeus! (pl)	Прощайте!	[prɔʃájte]
despedir-se (dizer adeus)	прощаться (нсв, возв)	[prɔʃátsa]
Até mais!	Пока!	[pɔká]
Obrigado! -a!	Спасибо!	[spasíbɔ]
Muito obrigado! -a!	Большое спасибо!	[bolʲʃóe spasíbɔ]
De nada	Пожалуйста	[pɔʒálesta]
Não tem de quê	Не стоит благодарности	[ne stóit blagɔdárnɔsti]
Não foi nada!	Не за что	[né za ʃtɔ]
Desculpa!	Извини!	[izviní]
Desculpe!	Извините!	[izviníte]

desculpar (vt)	извинять (нсв, пх)	[izvinʲátʲ]
desculpar-se (vr)	извиняться (нсв, возв)	[izvinʲátsa]
Me desculpe	Мои извинения	[mɔí izvinénija]
Desculpe!	Простите!	[prɔstíte]
perdoar (vt)	прощать (нсв, пх)	[prɔʃʲátʲ]
Não faz mal	Ничего страшного	[niʧevó stráʃnɔvɔ]
por favor	пожалуйста	[pɔʒáləsta]

Não se esqueça!	Не забудьте!	[ne zabútʲte]
Com certeza!	Конечно!	[kɔnéʃnɔ]
Claro que não!	Конечно нет!	[kɔnéʃnɔ nét]
Está bem! De acordo!	Согласен!	[sɔglásen]
Chega!	Хватит!	[hvátit]

3. Números cardinais. Parte 1

zero	ноль	[nólʲ]
um	один	[ɔdín]
dois	два	[dvá]
três	три	[trí]
quatro	четыре	[ʧetīre]

cinco	пять	[pʲátʲ]
seis	шесть	[ʃǽstʲ]
sete	семь	[sémʲ]
oito	восемь	[vósemʲ]
nove	девять	[dévɪtʲ]

dez	десять	[désɪtʲ]
onze	одиннадцать	[ɔdínatsatʲ]
doze	двенадцать	[dvenátsatʲ]
treze	тринадцать	[trinátsatʲ]
catorze	четырнадцать	[ʧetīrnatsatʲ]

quinze	пятнадцать	[pitnátsatʲ]
dezesseis	шестнадцать	[ʃɛsnátsatʲ]
dezessete	семнадцать	[semnátsatʲ]
dezoito	восемнадцать	[vɔsemnátsatʲ]
dezenove	девятнадцать	[devitnátsatʲ]

vinte	двадцать	[dvátsatʲ]
vinte e um	двадцать один	[dvátsatʲ ɔdín]
vinte e dois	двадцать два	[dvátsatʲ dvá]
vinte e três	двадцать три	[dvátsatʲ trí]

trinta	тридцать	[trítsatʲ]
trinta e um	тридцать один	[trítsatʲ ɔdín]
trinta e dois	тридцать два	[trítsatʲ dvá]
trinta e três	тридцать три	[trítsatʲ trí]

quarenta	сорок	[sórɔk]
quarenta e um	сорок один	[sórɔk ɔdín]
quarenta e dois	сорок два	[sórɔk dvá]
quarenta e três	сорок три	[sórɔk trí]

cinquenta	пятьдесят	[pɪtˈdesˈát]
cinquenta e um	пятьдесят один	[pɪtˈdesˈát ɔdín]
cinquenta e dois	пятьдесят два	[pɪtˈdesˈát dvá]
cinquenta e três	пятьдесят три	[pɪtˈdesˈát trí]

sessenta	шестьдесят	[ʃɛstˈdesˈát]
sessenta e um	шестьдесят один	[ʃɛstˈdesˈát ɔdín]
sessenta e dois	шестьдесят два	[ʃɛstˈdesˈát dvá]
sessenta e três	шестьдесят три	[ʃɛstˈdesˈát trí]

setenta	семьдесят	[sémˈdesɪt]
setenta e um	семьдесят один	[sémˈdesɪt ɔdín]
setenta e dois	семьдесят два	[sémˈdesɪt dvá]
setenta e três	семьдесят три	[sémˈdesɪt trí]

oitenta	восемьдесят	[vósemˈdesɪt]
oitenta e um	восемьдесят один	[vósemˈdesɪt ɔdín]
oitenta e dois	восемьдесят два	[vósemˈdesɪt dvá]
oitenta e três	восемьдесят три	[vósemˈdesɪt trí]

noventa	девяносто	[devɪnóstɔ]
noventa e um	девяносто один	[devɪnóstɔ ɔdín]
noventa e dois	девяносто два	[devɪnóstɔ dvá]
noventa e três	девяносто три	[devɪnóstɔ trí]

4. Números cardinais. Parte 2

cem	сто	[stó]
duzentos	двести	[dvésti]
trezentos	триста	[trísta]
quatrocentos	четыреста	[tʃetˈresta]
quinhentos	пятьсот	[pɪtˈsót]

seiscentos	шестьсот	[ʃɛstˈsót]
setecentos	семьсот	[semˈsót]
oitocentos	восемьсот	[vɔsemˈsót]
novecentos	девятьсот	[devɪtˈsót]

mil	тысяча	[tīsɪtʃa]
dois mil	две тысячи	[dve tīsɪtʃi]
três mil	три тысячи	[trí tīsɪtʃi]
dez mil	десять тысяч	[désɪtˈ tīsˈatʃ]
cem mil	сто тысяч	[stó tīsɪtʃ]
um milhão	миллион (м)	[milión]
um bilhão	миллиард (м)	[miliárd]

5. Números. Frações

fração (f)	дробь (ж)	[drópˈ]
um meio	одна вторая	[ɔdná ftɔrája]
um terço	одна третья	[ɔdná trétja]
um quarto	одна четвёртая	[ɔdná tʃetvǿrtaja]

um oitavo	одна восьмая	[ɔdná vɔsʲmája]
um décimo	одна десятая	[ɔdná desʲátaja]
dois terços	две третьих	[dve trétjih]
três quartos	три четвёртых	[trí ʧetvǿrtih]

6. Números. Operações básicas

subtração (f)	вычитание (c)	[viʧitánie]
subtrair (vi, vt)	вычитать (нсв, пх)	[viʧitátʲ]
divisão (f)	деление (c)	[delénie]
dividir (vt)	делить (нсв, пх)	[delítʲ]

adição (f)	сложение (c)	[slɔʒǽnie]
somar (vt)	сложить (св, пх)	[slɔʒítʲ]
adicionar (vt)	прибавлять (нсв, пх)	[pribavlʲátʲ]
multiplicação (f)	умножение (c)	[umnɔʒǽnie]
multiplicar (vt)	умножать (нсв, пх)	[umnɔʒátʲ]

7. Números. Diversos

algarismo, dígito (m)	цифра (ж)	[ʦɨ́fra]
número (m)	число (c)	[ʧisló]
numeral (m)	числительное (c)	[ʧislítelʲnɔe]
menos (m)	минус (м)	[mínus]
mais (m)	плюс (м)	[plʲús]
fórmula (f)	формула (ж)	[fórmula]
cálculo (m)	вычисление (c)	[viʧislénie]
contar (vt)	считать (нсв, пх)	[ʃitátʲ]
calcular (vt)	подсчитывать (нсв, пх)	[potʃítivatʲ]
comparar (vt)	сравнивать (нсв, пх)	[srávnivatʲ]

Quanto, -os, -as?	Сколько?	[skólʲkɔ?]
soma (f)	сумма (ж)	[súmma]
resultado (m)	результат (м)	[rezulʲtát]
resto (m)	остаток (м)	[ɔstátɔk]

alguns, algumas ...	несколько	[néskɔlʲkɔ]
pouco (~ tempo)	мало	[málɔ]
resto (m)	остальное (c)	[ɔstalʲnóe]
um e meio	полтора	[pɔltorá]
dúzia (f)	дюжина (ж)	[dʲúʒɨna]
ao meio	пополам	[pɔpɔlám]
em partes iguais	поровну	[pórɔvnu]
metade (f)	половина (ж)	[pɔlɔvína]
vez (f)	раз (м)	[rás]

8. Os verbos mais importantes. Parte 1

| abrir (vt) | открывать (нсв, пх) | [ɔtkrivátʲ] |
| acabar, terminar (vt) | заканчивать (нсв, пх) | [zakánʧivatʲ] |

aconselhar (vt)	советовать (нсв, пх)	[sɔvétɔvatʲ]
adivinhar (vt)	отгадать (св, пх)	[ɔdgadátʲ]
advertir (vt)	предупреждать (нсв, пх)	[predupreʒdátʲ]

ajudar (vt)	помогать (нсв, пх)	[pɔmɔgátʲ]
almoçar (vi)	обедать (нсв, нпх)	[ɔbédatʲ]
alugar (~ um apartamento)	снимать (нсв, пх)	[snimátʲ]
amar (pessoa)	любить (нсв, пх)	[lʲubítʲ]
ameaçar (vt)	угрожать (нсв, пх)	[ugrɔʒátʲ]

anotar (escrever)	записывать (нсв, пх)	[zapísivatʲ]
apressar-se (vr)	торопиться (нсв, возв)	[tɔrɔpítsa]
arrepender-se (vr)	сожалеть (нсв, нпх)	[sɔʒilétʲ]
assinar (vt)	подписывать (нсв, пх)	[pɔtpísivatʲ]
brincar (vi)	шутить (нсв, нпх)	[ʃutítʲ]

brincar, jogar (vi, vt)	играть (нсв, нпх)	[igrátʲ]
buscar (vt)	искать ... (нсв, пх)	[iskátʲ ...]
caçar (vi)	охотиться (нсв, возв)	[ɔhótitsa]
cair (vi)	падать (нсв, нпх)	[pádatʲ]
cavar (vt)	рыть (нсв, пх)	[rĩtʲ]
chamar (~ por socorro)	звать (нсв, пх)	[zvátʲ]

chegar (vi)	приезжать (нсв, нпх)	[prieʒʒátʲ]
chorar (vi)	плакать (нсв, нпх)	[plákatʲ]
começar (vt)	начинать (нсв, пх)	[natʃinátʲ]
comparar (vt)	сравнивать (нсв, пх)	[srávnivatʲ]
concordar (dizer "sim")	соглашаться (нсв, возв)	[sɔglaʃátsa]

confiar (vt)	доверять (нсв, пх)	[dɔverʲátʲ]
confundir (equivocar-se)	путать (нсв, пх)	[pútatʲ]
conhecer (vt)	знать (нсв, пх)	[znátʲ]
contar (fazer contas)	считать (нсв, пх)	[ʃʲitátʲ]
contar com ...	рассчитывать на ... (нсв)	[raʃʲítivatʲ na ...]
continuar (vt)	продолжать (нсв, пх)	[prɔdɔlʒátʲ]

controlar (vt)	контролировать (нсв, пх)	[kɔntrɔlírɔvatʲ]
convidar (vt)	приглашать (нсв, пх)	[priglaʃátʲ]
correr (vi)	бежать (н/св, нпх)	[beʒátʲ]
criar (vt)	создать (св, пх)	[sɔzdátʲ]
custar (vt)	стоить (нсв, пх)	[stóitʲ]

9. Os verbos mais importantes. Parte 2

dar (vt)	давать (нсв, пх)	[davátʲ]
dar uma dica	подсказать (св, пх)	[pɔtskazátʲ]
decorar (enfeitar)	украшать (нсв, пх)	[ukraʃátʲ]
defender (vt)	защищать (нсв, пх)	[zaʃʲiʃʲátʲ]
deixar cair (vt)	ронять (нсв, пх)	[rɔnʲátʲ]

descer (para baixo)	спускаться (нсв, возв)	[spuskátsa]
desculpar (vt)	извинять (нсв, пх)	[izvinʲátʲ]
desculpar-se (vr)	извиняться (нсв, возв)	[izvinʲátsa]
dirigir (~ uma empresa)	руководить (нсв, пх)	[rukɔvɔdítʲ]

discutir (notícias, etc.)	обсуждать (нсв, пх)	[ɔpsuʒdátʲ]
disparar, atirar (vi)	стрелять (нсв, нпх)	[strelʲátʲ]
dizer (vt)	сказать (нсв, пх)	[skazátʲ]
duvidar (vt)	сомневаться (нсв, возв)	[sɔmnevátsa]
encontrar (achar)	находить (нсв, пх)	[nahɔdítʲ]
enganar (vt)	обманывать (нсв, пх)	[ɔbmánivatʲ]

entender (vt)	понимать (нсв, пх)	[pɔnimátʲ]
entrar (na sala, etc.)	входить (нсв, нпх)	[fhɔdítʲ]
enviar (uma carta)	отправлять (нсв, пх)	[ɔtpravlʲátʲ]
errar (enganar-se)	ошибаться (нсв, возв)	[ɔʃibátsa]
escolher (vt)	выбирать (нсв, пх)	[vibirátʲ]

esconder (vt)	прятать (нсв, пх)	[prʲátatʲ]
escrever (vt)	писать (нсв, пх)	[pisátʲ]
esperar (aguardar)	ждать (нсв, пх)	[ʒdátʲ]
esperar (ter esperança)	надеяться (нсв, возв)	[nadéıtsa]
esquecer (vt)	забывать (нсв, пх)	[zabivátʲ]

estudar (vt)	изучать (нсв, пх)	[izutʃátʲ]
exigir (vt)	требовать (нсв, пх)	[trébɔvatʲ]
existir (vi)	существовать (нсв, нпх)	[suʃestvɔvátʲ]
explicar (vt)	объяснять (нсв, пх)	[ɔbjısnʲátʲ]

falar (vi)	говорить (нсв, н/пх)	[gɔvɔrítʲ]
faltar (a la escuela, etc.)	пропускать (нсв, пх)	[prɔpuskátʲ]
fazer (vt)	делать (нсв, пх)	[délatʲ]
ficar em silêncio	молчать (нсв, нпх)	[mɔltʃátʲ]
gabar-se (vr)	хвастаться (нсв, возв)	[hvástatsa]

gostar (apreciar)	нравиться (нсв, возв)	[nrávitsa]
gritar (vi)	кричать (нсв, нпх)	[kritʃátʲ]
guardar (fotos, etc.)	сохранять (нсв, пх)	[sɔhranʲátʲ]
informar (vt)	информировать (н/св, пх)	[infɔrmírɔvatʲ]
insistir (vi)	настаивать (нсв, нпх)	[nastáivatʲ]

insultar (vt)	оскорблять (нсв, пх)	[ɔskɔrblʲátʲ]
interessar-se (vr)	интересоваться (нсв, возв)	[interesɔvátsa]
ir (a pé)	идти (нсв, нпх)	[itʲtí]
ir nadar	купаться (нсв, возв)	[kupátsa]
jantar (vi)	ужинать (нсв, нпх)	[úʒinatʲ]

10. Os verbos mais importantes. Parte 3

ler (vt)	читать (нсв, н/пх)	[tʃitátʲ]
libertar, liberar (vt)	освобождать (нсв, пх)	[ɔsvɔbɔʒdátʲ]
matar (vt)	убивать (нсв, пх)	[ubivátʲ]
mencionar (vt)	упоминать (нсв, пх)	[upɔminátʲ]
mostrar (vt)	показывать (нсв, пх)	[pɔkázivatʲ]

mudar (modificar)	изменить (св, пх)	[izменítʲ]
nadar (vi)	плавать (нсв, нпх)	[plávatʲ]
negar-se a … (vr)	отказываться (нсв, возв)	[ɔtkázivatsa]
objetar (vt)	возражать (нсв, н/пх)	[vɔzraʒátʲ]

observar (vt)	наблюдать (нсв, н/пх)	[nablʲudátʲ]
ordenar (mil.)	приказывать (нсв, пх)	[prikázivatʲ]
ouvir (vt)	слышать (нсв, пх)	[slíʃatʲ]
pagar (vt)	платить (нсв, н/пх)	[platítʲ]
parar (vi)	останавливаться (нсв, возв)	[ɔstanávlivatsa]

parar, cessar (vt)	прекращать (нсв, пх)	[prekraʃátʲ]
participar (vi)	участвовать (нсв, нпх)	[utʃástvɔvatʲ]
pedir (comida, etc.)	заказывать (нсв, пх)	[zakázivatʲ]
pedir (um favor, etc.)	просить (нсв, пх)	[prɔsítʲ]
pegar (tomar)	брать (нсв), взять (св)	[brátʲ], [vzʲátʲ]

pegar (uma bola)	ловить (нсв, пх)	[lɔvítʲ]
pensar (vi, vt)	думать (нсв, н/пх)	[dúmatʲ]
perceber (ver)	замечать (нсв, пх)	[zametʃátʲ]
perdoar (vt)	прощать (нсв, пх)	[prɔʃátʲ]
perguntar (vt)	спрашивать (нсв, пх)	[spráʃivatʲ]

permitir (vt)	разрешать (нсв, пх)	[razreʃátʲ]
pertencer a ... (vi)	принадлежать ... (нсв, нпх)	[prinadleʒátʲ ...]
planejar (vt)	планировать (нсв, пх)	[planírɔvatʲ]
poder (~ fazer algo)	мочь (нсв, нпх)	[mótʃʲ]
possuir (uma casa, etc.)	владеть (нсв, пх)	[vladétʲ]

preferir (vt)	предпочитать (нсв, пх)	[pretpɔtʃitátʲ]
preparar (vt)	готовить (нсв, пх)	[gɔtóvitʲ]
prever (vt)	предвидеть (нсв, пх)	[predvídetʲ]
prometer (vt)	обещать (н/св, пх)	[ɔbeʃátʲ]
pronunciar (vt)	произносить (нсв, пх)	[prɔiznɔsítʲ]

propor (vt)	предлагать (нсв, пх)	[predlagátʲ]
punir (castigar)	наказывать (нсв, пх)	[nakázivatʲ]
quebrar (vt)	ломать (нсв, пх)	[lɔmátʲ]
queixar-se de ...	жаловаться (нсв, возв)	[ʒálɔvatsa]
querer (desejar)	хотеть (нсв, пх)	[hɔtétʲ]

11. Os verbos mais importantes. Parte 4

ralhar, repreender (vt)	ругать (нсв, пх)	[rugátʲ]
recomendar (vt)	рекомендовать (нсв, пх)	[rekɔmendɔvátʲ]
repetir (dizer outra vez)	повторять (нсв, пх)	[pɔftɔrʲátʲ]
reservar (~ um quarto)	резервировать (н/св, пх)	[rezervírɔvatʲ]
responder (vt)	отвечать (нсв, пх)	[ɔtvetʃátʲ]

rezar, orar (vi)	молиться (нсв, возв)	[mɔlítsa]
rir (vi)	смеяться (нсв, возв)	[smejátsa]
roubar (vt)	красть (нсв, н/пх)	[krástʲ]
sair (~ de casa)	выходить (нсв, нпх)	[vihɔdítʲ]

salvar (resgatar)	спасать (нсв, пх)	[spasátʲ]
seguir (~ alguém)	следовать за ... (нсв)	[slédɔvatʲ za ...]
sentar-se (vr)	садиться (нсв, возв)	[sadítsa]
ser necessário	требоваться (нсв, возв)	[trébɔvatsa]
ser, estar	быть (нсв, нпх)	[bĩtʲ]

significar (vt)	означать (нсв, пх)	[ɔznatʃátʲ]
sorrir (vi)	улыбаться (нсв, возв)	[ulibátsa]
subestimar (vt)	недооценивать (нсв, пх)	[nedɔɔtsǽnivatʲ]
surpreender-se (vr)	удивляться (нсв, возв)	[udivlʲátsa]

tentar (~ fazer)	пробовать (нсв, пх)	[próbɔvatʲ]
ter (vt)	иметь (нсв, пх)	[imétʲ]
ter fome	хотеть есть (нсв)	[hɔtétʲ éstʲ]

ter medo	бояться (нсв, возв)	[bɔjátsa]
ter sede	хотеть пить	[hɔtétʲ pítʲ]
tocar (com as mãos)	трогать (нсв, пх)	[trógatʲ]
tomar café da manhã	завтракать (нсв, нпх)	[záftrakatʲ]
trabalhar (vi)	работать (нсв, нпх)	[rabótatʲ]
traduzir (vt)	переводить (нсв, пх)	[perevɔdítʲ]

unir (vt)	объединять (нсв, пх)	[ɔbjedinʲátʲ]
vender (vt)	продавать (нсв, пх)	[prɔdavátʲ]
ver (vt)	видеть (нсв, пх)	[vídetʲ]
virar (~ para a direita)	поворачивать (нсв, нпх)	[pɔvɔrátʃivatʲ]
voar (vi)	лететь (нсв, нпх)	[letétʲ]

12. Cores

cor (f)	цвет (м)	[tsvét]
tom (m)	оттенок (м)	[ɔtténɔk]
tonalidade (m)	тон (м)	[tón]
arco-íris (m)	радуга (ж)	[ráduga]

branco (adj)	белый	[bélij]
preto (adj)	чёрный	[tʃórnij]
cinza (adj)	серый	[sérij]

verde (adj)	зелёный	[zelǿnij]
amarelo (adj)	жёлтый	[ʒóltij]
vermelho (adj)	красный	[krásnij]

azul (adj)	синий	[sínij]
azul claro (adj)	голубой	[gɔlubój]
rosa (adj)	розовый	[rózɔvij]
laranja (adj)	оранжевый	[ɔránʒevij]
violeta (adj)	фиолетовый	[fiɔlétɔvij]
marrom (adj)	коричневый	[kɔrítʃnevij]

| dourado (adj) | золотой | [zɔlɔtój] |
| prateado (adj) | серебристый | [serebrístij] |

bege (adj)	бежевый	[béʒevij]
creme (adj)	кремовый	[krémɔvij]
turquesa (adj)	бирюзовый	[birʲuzóvij]
vermelho cereja (adj)	вишнёвый	[viʃnǿvij]
lilás (adj)	лиловый	[lilóvij]
carmim (adj)	малиновый	[malínɔvij]
claro (adj)	светлый	[svétlij]

| escuro (adj) | тёмный | [tǿmnij] |
| vivo (adj) | яркий | [járkij] |

de cor	цветной	[ʦvetnój]
a cores	цветной	[ʦvetnój]
preto e branco (adj)	чёрно-белый	[ʧórnɔ-bélij]
unicolor (de uma só cor)	одноцветный	[ɔdnɔʦvétnij]
multicolor (adj)	разноцветный	[raznɔʦvétnij]

13. Questões

Quem?	Кто?	[któ?]
O que?	Что?	[ʃtó?]
Onde?	Где?	[gdé?]
Para onde?	Куда?	[kudá?]
De onde?	Откуда?	[ɔtkúda?]
Quando?	Когда?	[kɔgdá?]
Para quê?	Зачем?	[zaʧém?]
Por quê?	Почему?	[pɔʧemú?]

Para quê?	Для чего?	[dlʲa ʧevó?]
Como?	Как?	[kák?]
Qual (~ é o problema?)	Какой?	[kakój?]
Qual (~ deles?)	Который?	[kɔtórij?]

A quem?	Кому?	[kɔmú?]
De quem?	О ком?	[ɔ kóm?]
Do quê?	О чём?	[ɔ ʧóm?]
Com quem?	С кем?	[s kém?]

Quanto, -os, -as?	Сколько?	[skólʲkɔ?]
De quem? (masc.)	Чей?	[ʧéj?]
De quem? (fem.)	Чья?	[ʧjá?]
De quem são ...?	Чьи?	[ʧjí?]

14. Palavras funcionais. Advérbios. Parte 1

Onde?	Где?	[gdé?]
aqui	здесь	[zdésʲ]
lá, ali	там	[tám]

| em algum lugar | где-то | [gdé-tɔ] |
| em lugar nenhum | нигде | [nigdé] |

| perto de ... | у, около | [u], [ókɔlɔ] |
| perto da janela | у окна | [u ɔkná] |

Para onde?	Куда?	[kudá?]
aqui	сюда	[sʲudá]
para lá	туда	[tudá]
daqui	отсюда	[ɔtsʲúda]
de lá, dali	оттуда	[ɔttúda]

| perto | близко | [blískɔ] |
| longe | далеко | [dalekó] |

perto de …	около	[ókɔlɔ]
à mão, perto	рядом	[rʲádɔm]
não fica longe	недалеко	[nedalekó]

esquerdo (adj)	левый	[lévij]
à esquerda	слева	[sléva]
para a esquerda	налево	[nalévɔ]

direito (adj)	правый	[právij]
à direita	справа	[správa]
para a direita	направо	[naprávɔ]

em frente	спереди	[spéredi]
da frente	передний	[perédnij]
adiante (para a frente)	вперёд	[fperǿd]

atrás de …	сзади	[szádi]
de trás	сзади	[szádi]
para trás	назад	[nazád]

| meio (m), metade (f) | середина (ж) | [seredína] |
| no meio | посередине | [pɔseredíne] |

do lado	сбоку	[zbóku]
em todo lugar	везде	[vezdé]
por todos os lados	вокруг	[vɔkrúg]

de dentro	изнутри	[iznutrí]
para algum lugar	куда-то	[kudá-tɔ]
diretamente	напрямик	[naprımík]
de volta	обратно	[ɔbrátnɔ]

| de algum lugar | откуда-нибудь | [ɔtkúda-nibutʲ] |
| de algum lugar | откуда-то | [ɔtkúda-tɔ] |

em primeiro lugar	во-первых	[vɔ-pérvih]
em segundo lugar	во-вторых	[vɔ-ftɔrĩh]
em terceiro lugar	в-третьих	[f trétjih]

de repente	вдруг	[vdrúg]
no início	вначале	[vnatʃále]
pela primeira vez	впервые	[fpervĩje]
muito antes de …	задолго до …	[zadólgɔ dɔ …]
de novo	заново	[zánɔvɔ]
para sempre	насовсем	[nasɔfsém]

nunca	никогда	[nikɔgdá]
de novo	опять	[ɔpʲátʲ]
agora	теперь	[tepérʲ]
frequentemente	часто	[tʃástɔ]
então	тогда	[tɔgdá]
urgentemente	срочно	[srótʃnɔ]
normalmente	обычно	[ɔbĩtʃnɔ]

a propósito, …	кстати, …	[kstáti, …]
é possível	возможно	[vɔzmóʒnɔ]
provavelmente	вероятно	[verɔjátnɔ]
talvez	может быть	[móʒet bĩtʲ]
além disso, …	кроме того, …	[króme tɔvó, …]
por isso …	поэтому …	[pɔǽtɔmu …]
apesar de …	несмотря на …	[nesmɔtrʲá na …]
graças a …	благодаря …	[blagɔdarʲá …]

que (pron.)	что	[ʃtó]
que (conj.)	что	[ʃtó]
algo	что-то	[ʃtó-tɔ]
alguma coisa	что-нибудь	[ʃtó-nibutʲ]
nada	ничего	[nitʃevó]

quem	кто	[któ]
alguém (~ que …)	кто-то	[któ-tɔ]
alguém (com ~)	кто-нибудь	[któ-nibutʲ]

ninguém	никто	[niktó]
para lugar nenhum	никуда	[nikudá]
de ninguém	ничей	[nitʃéj]
de alguém	чей-нибудь	[tʃej-nibútʲ]

tão	так	[ták]
também (gostaria ~ de …)	также	[tágʒe]
também (~ eu)	тоже	[tóʒe]

15. Palavras funcionais. Advérbios. Parte 2

Por quê?	Почему?	[pɔtʃemú?]
por alguma razão	почему-то	[pɔtʃemú-tɔ]
porque …	потому, что …	[pɔtɔmú, ʃtó …]
por qualquer razão	зачем-то	[zatʃém-tɔ]

e (tu ~ eu)	и	[i]
ou (ser ~ não ser)	или	[íli]
mas (porém)	но	[nó]
para (~ a minha mãe)	для	[dlʲá]

muito, demais	слишком	[slíʃkɔm]
só, somente	только	[tólʲkɔ]
exatamente	точно	[tótʃnɔ]
cerca de (~ 10 kg)	около	[ókɔlɔ]

aproximadamente	приблизительно	[priblizítelʲnɔ]
aproximado (adj)	приблизительный	[priblizítelʲnij]
quase	почти	[pɔtʃtí]
resto (m)	остальное (c)	[ɔstalʲnóe]

cada (adj)	каждый	[káʒdij]
qualquer (adj)	любой	[lʲubój]
muito, muitos, muitas	много	[mnógɔ]
muitas pessoas	многие	[mnógie]

todos	все	[fsé]
em troca de …	в обмен на …	[v ɔbmén na …]
em troca	взамен	[vzamén]
à mão	вручную	[vrutʃnúju]
pouco provável	вряд ли	[vrʲát lí]

provavelmente	наверное	[navérnɔe]
de propósito	нарочно	[narójnɔ]
por acidente	случайно	[slutʃájnɔ]

muito	очень	[ótʃenʲ]
por exemplo	например	[naprimér]
entre	между	[méʒdu]
entre (no meio de)	среди	[sredí]
tanto	столько	[stólʲkɔ]
especialmente	особенно	[ɔsóbennɔ]

Conceitos básicos. Parte 2

16. Opostos

rico (adj)	богатый	[bɔgátij]
pobre (adj)	бедный	[bédnij]
doente (adj)	больной	[bolʲnój]
bem (adj)	здоровый	[zdɔróvij]
grande (adj)	большой	[bɔlʲʃój]
pequeno (adj)	маленький	[málenʲkij]
rapidamente	быстро	[bɨstrɔ]
lentamente	медленно	[médlenɔ]
rápido (adj)	быстрый	[bɨstrij]
lento (adj)	медленный	[médlenij]
alegre (adj)	весёлый	[vesǿlij]
triste (adj)	грустный	[grúsnij]
juntos (ir ~)	вместе	[vméste]
separadamente	отдельно	[ɔtdélʲnɔ]
em voz alta (ler ~)	вслух	[fslúh]
para si (em silêncio)	про себя	[prɔ sebʲá]
alto (adj)	высокий	[vɨsókij]
baixo (adj)	низкий	[nískij]
profundo (adj)	глубокий	[glubókij]
raso (adj)	мелкий	[mélkij]
sim	да	[dá]
não	нет	[nét]
distante (adj)	далёкий	[dalǿkij]
próximo (adj)	близкий	[blískij]
longe	далеко	[dalekó]
à mão, perto	рядом	[rʲádɔm]
longo (adj)	длинный	[dlínnij]
curto (adj)	короткий	[kɔrótkij]
bom (bondoso)	добрый	[dóbrij]
mal (adj)	злой	[zlój]

casado (adj)	женатый	[ʒenátij]
solteiro (adj)	холостой	[hɔlɔstój]
proibir (vt)	запретить (св, пх)	[zapretítʲ]
permitir (vt)	разрешить (св, пх)	[razreʃítʲ]
fim (m)	конец (м)	[kɔnéts]
início (m)	начало (с)	[natʃálɔ]
esquerdo (adj)	левый	[lévij]
direito (adj)	правый	[právij]
primeiro (adj)	первый	[pérvij]
último (adj)	последний	[pɔslédnij]
crime (m)	преступление (с)	[prestuplénie]
castigo (m)	наказание (с)	[nakazánie]
ordenar (vt)	приказать (св, пх)	[prikazátʲ]
obedecer (vt)	подчиниться (св, возв)	[pɔtʃinítsa]
reto (adj)	прямой	[prɪmój]
curvo (adj)	кривой	[krivój]
paraíso (m)	рай (м)	[ráj]
inferno (m)	ад (м)	[ád]
nascer (vi)	родиться (св, возв)	[rɔdítsa]
morrer (vi)	умереть (св, нпх)	[umerétʲ]
forte (adj)	сильный	[sílʲnij]
fraco, débil (adj)	слабый	[slábij]
velho, idoso (adj)	старый	[stárij]
jovem (adj)	молодой	[mɔlɔdój]
velho (adj)	старый	[stárij]
novo (adj)	новый	[nóvij]
duro (adj)	твёрдый	[tvǿrdɨj]
macio (adj)	мягкий	[mʲáhkij]
quente (adj)	тёплый	[tǿplij]
frio (adj)	холодный	[hɔlódnij]
gordo (adj)	толстый	[tólstɨj]
magro (adj)	худой	[hudój]
estreito (adj)	узкий	[úskij]
largo (adj)	широкий	[ʃɨrókij]
bom (adj)	хороший	[hɔróʃij]
mau (adj)	плохой	[plɔhój]
valente, corajoso (adj)	храбрый	[hrábrij]
covarde (adj)	трусливый	[truslívij]

17. Dias da semana

segunda-feira (f)	понедельник (м)	[pɔnedélʲnik]
terça-feira (f)	вторник (м)	[ftórnik]
quarta-feira (f)	среда (ж)	[sredá]
quinta-feira (f)	четверг (м)	[ʧetvérg]
sexta-feira (f)	пятница (ж)	[pʲátnitsa]
sábado (m)	суббота (ж)	[subóta]
domingo (m)	воскресенье (c)	[vɔskresénje]

hoje	сегодня	[sevódnʲa]
amanhã	завтра	[záftra]
depois de amanhã	послезавтра	[pɔslezáftra]
ontem	вчера	[fʧerá]
anteontem	позавчера	[pɔzaftʃerá]

dia (m)	день (м)	[dénʲ]
dia (m) de trabalho	рабочий день (м)	[rabóʧij dénʲ]
feriado (m)	празник (м)	[práznik]
dia (m) de folga	выходной день (м)	[viⁿhɔdnój dénʲ]
fim (m) de semana	выходные (мн)	[viⁿhɔdnɨje]

o dia todo	весь день	[vesʲ dénʲ]
no dia seguinte	на следующий день	[na sléduʃij dénʲ]
há dois dias	2 дня назад	[dvá dnʲá nazád]
na véspera	накануне	[nakanúne]
diário (adj)	ежедневный	[eʒednévnij]
todos os dias	ежедневно	[eʒednévnɔ]

semana (f)	неделя (ж)	[nedélʲa]
na semana passada	на прошлой неделе	[na próʃlɔj nedéle]
semana que vem	на следующей неделе	[na sléduʃej nedéle]
semanal (adj)	еженедельный	[eʒenedélʲnij]
toda semana	еженедельно	[eʒenedélʲnɔ]
duas vezes por semana	2 раза в неделю	[dvá ráza v nedélʲu]
toda terça-feira	каждый вторник	[káʒdij ftórnik]

18. Horas. Dia e noite

manhã (f)	утро (c)	[útrɔ]
de manhã	утром	[útrɔm]
meio-dia (m)	полдень (м)	[póldenʲ]
à tarde	после обеда	[pósle ɔbéda]

tardinha (f)	вечер (м)	[véʧer]
à tardinha	вечером	[véʧerɔm]
noite (f)	ночь (ж)	[nóʧʲ]
à noite	ночью	[nóʧʲu]
meia-noite (f)	полночь (ж)	[pólnɔʧʲ]

segundo (m)	секунда (ж)	[sekúnda]
minuto (m)	минута (ж)	[minúta]
hora (f)	час (м)	[ʧás]

meia hora (f)	полчаса (мн)	[poltʃasá]
quarto (m) de hora	четверть (ж) часа	[tʃétvertʲ tʃása]
quinze minutos	15 минут	[pitnátsatʲ minút]
vinte e quatro horas	сутки (мн)	[sútki]

nascer (m) do sol	восход (м) солнца	[vɔsxód sóntsa]
amanhecer (m)	рассвет (м)	[rasvét]
madrugada (f)	раннее утро (с)	[ránnee útrɔ]
pôr-do-sol (m)	закат (м)	[zakát]

de madrugada	рано утром	[ránɔ útrɔm]
esta manhã	сегодня утром	[sevódnʲa útrɔm]
amanhã de manhã	завтра утром	[záftra útrɔm]

esta tarde	сегодня днём	[sevódnʲa dnǿm]
à tarde	после обеда	[pósle ɔbéda]
amanhã à tarde	завтра после обеда	[záftra pósle ɔbéda]

| esta noite, hoje à noite | сегодня вечером | [sevódnʲa vétʃerɔm] |
| amanhã à noite | завтра вечером | [záftra vetʃerɔm] |

às três horas em ponto	ровно в 3 часа	[róvnɔ f trí tʃasá]
por volta das quatro	около 4-х часов	[ókɔlɔ tʃetīróh tʃasóf]
às doze	к 12-ти часам	[k dvenátsatí tʃasám]

em vinte minutos	через 20 минут	[tʃéres dvátsatʲ minút]
em uma hora	через час	[tʃéres tʃás]
a tempo	вовремя	[vóvremʲa]

… um quarto para	без четверти …	[bes tʃétverti …]
dentro de uma hora	в течение часа	[f tetʃénie tʃása]
a cada quinze minutos	каждые 15 минут	[káʒdie pitnátsatʲ minút]
as vinte e quatro horas	круглые сутки	[krúglie sútki]

19. Meses. Estações

janeiro (m)	январь (м)	[jınvárʲ]
fevereiro (m)	февраль (м)	[fevrálʲ]
março (m)	март (м)	[márt]
abril (m)	апрель (м)	[aprélʲ]
maio (m)	май (м)	[máj]
junho (m)	июнь (м)	[ijúnʲ]

julho (m)	июль (м)	[ijúlʲ]
agosto (m)	август (м)	[ávgust]
setembro (m)	сентябрь (м)	[sentʲábrʲ]
outubro (m)	октябрь (м)	[oktʲábrʲ]
novembro (m)	ноябрь (м)	[nɔjábrʲ]
dezembro (m)	декабрь (м)	[dekábrʲ]

primavera (f)	весна (ж)	[vesná]
na primavera	весной	[vesnój]
primaveril (adj)	весенний	[vesénnij]
verão (m)	лето (с)	[létɔ]

| no verão | летом | [létɔm] |
| de verão | летний | [létnij] |

outono (m)	осень (ж)	[ósenʲ]
no outono	осенью	[ósenju]
outonal (adj)	осенний	[ɔsénnij]

inverno (m)	зима (ж)	[zimá]
no inverno	зимой	[zimój]
de inverno	зимний	[zímnij]
mês (m)	месяц (м)	[mésɪʦ]
este mês	в этом месяце	[v ǽtɔm mésɪʦe]
mês que vem	в следующем месяце	[f sléduʃem mésɪʦe]
no mês passado	в прошлом месяце	[f próʃlɔm mésɪʦe]

um mês atrás	месяц назад	[mésɪʦ nazád]
em um mês	через месяц	[ʧéres mésɪʦ]
em dois meses	через 2 месяца	[ʧéres dvá mésɪʦa]
todo o mês	весь месяц	[vesʲ mésɪʦ]
um mês inteiro	целый месяц	[ʦǽlij mésɪʦ]

mensal (adj)	ежемесячный	[eʒemésɪʧnij]
mensalmente	ежемесячно	[eʒemésɪʧnɔ]
todo mês	каждый месяц	[káʒdij mésɪʦ]
duas vezes por mês	2 раза в месяц	[dvá ráza v mésɪʦ]

ano (m)	год (м)	[gód]
este ano	в этом году	[v ǽtɔm gɔdú]
ano que vem	в следующем году	[f sléduʃem gɔdú]
no ano passado	в прошлом году	[f próʃlɔm gɔdú]
há um ano	год назад	[gót nazád]
em um ano	через год	[ʧéres gód]
dentro de dois anos	через 2 года	[ʧéres dvá góda]
todo o ano	весь год	[vesʲ gód]
um ano inteiro	целый год	[ʦǽlij gód]

cada ano	каждый год	[káʒdij gód]
anual (adj)	ежегодный	[eʒegódnij]
anualmente	ежегодно	[eʒegódnɔ]
quatro vezes por ano	4 раза в год	[ʧétɪre ráza v gód]

data (~ de hoje)	число (с)	[ʧisló]
data (ex. ~ de nascimento)	дата (ж)	[dáta]
calendário (m)	календарь (м)	[kalendárʲ]

meio ano	полгода	[pɔlgóda]
seis meses	полугодие (с)	[pɔlugódie]
estação (f)	сезон (м)	[sezón]
século (m)	век (м)	[vék]

20. Tempo. Diversos

| tempo (m) | время (с) | [vrémʲa] |
| momento (m) | миг (м) | [míg] |

instante (m)	мгновение (с)	[mgnɔvénie]
instantâneo (adj)	мгновенный	[mgnɔvénnij]
lapso (m) de tempo	отрезок (м)	[ɔtrézɔk]
vida (f)	жизнь (ж)	[ʒīznʲ]
eternidade (f)	вечность (ж)	[vétʃnɔstʲ]

época (f)	эпоха (ж)	[ɛpóha]
era (f)	эра (ж)	[ǽra]
ciclo (m)	цикл (м)	[tsīkl]
período (m)	период (м)	[períud]
prazo (m)	срок (м)	[srók]

futuro (m)	будущее (с)	[búduʃee]
futuro (adj)	будущий	[búduʃij]
da próxima vez	в следующий раз	[f sléduʃij rás]
passado (m)	прошлое (с)	[próʃɔe]
passado (adj)	прошлый	[próʃij]
na última vez	в прошлый раз	[f próʃij rás]
mais tarde	позже	[póʒʒe]
depois de ...	после	[pósle]
atualmente	теперь	[tepérʲ]
agora	сейчас	[sejtʃás]
imediatamente	немедленно	[nemédlenɔ]
em breve	скоро	[skórɔ]
de antemão	заранее	[zaránee]

há muito tempo	давно	[davnó]
recentemente	недавно	[nedávnɔ]
destino (m)	судьба (ж)	[sutʲbá]
recordações (f pl)	память (ж)	[pámɪtʲ]
arquivo (m)	архив (м)	[arhíf]
durante ...	во время ...	[vɔ vrémʲa ...]
durante muito tempo	долго	[dólgɔ]
pouco tempo	недолго	[nedólgɔ]
cedo (levantar-se ~)	рано	[ránɔ]
tarde (deitar-se ~)	поздно	[póznɔ]

para sempre	навсегда	[nafsegdá]
começar (vt)	начинать (нсв, пх)	[natʃinátʲ]
adiar (vt)	перенести (св, пх)	[perenestí]

ao mesmo tempo	одновременно	[ɔdnɔvreménnɔ]
permanentemente	постоянно	[pɔstɔjánnɔ]
constante (~ ruído, etc.)	постоянный	[pɔstɔjánnij]
temporário (adj)	временный	[vrémennij]

às vezes	иногда	[inɔgdá]
raras vezes, raramente	редко	[rétkɔ]
frequentemente	часто	[tʃástɔ]

21. Linhas e formas

quadrado (m)	квадрат (м)	[kvadrát]
quadrado (adj)	квадратный	[kvadrátnij]

círculo (m)	круг (м)	[krúg]
redondo (adj)	круглый	[krúglıj]
triângulo (m)	треугольник (м)	[treugólʲnik]
triangular (adj)	треугольный	[treugólʲnıj]

oval (f)	овал (м)	[ɔvál]
oval (adj)	овальный	[ɔválʲnıj]
retângulo (m)	прямоугольник (м)	[prɪmɔugólʲnik]
retangular (adj)	прямоугольный	[prɪmɔugólʲnıj]

pirâmide (f)	пирамида (ж)	[piramída]
losango (m)	ромб (м)	[rómp]
trapézio (m)	трапеция (ж)	[trapéʦija]
cubo (m)	куб (м)	[kúb]
prisma (m)	призма (ж)	[prízma]

circunferência (f)	окружность (ж)	[ɔkrúʒnɔstʲ]
esfera (f)	сфера (ж)	[sféra]
globo (m)	шар (м)	[ʃár]
diâmetro (m)	диаметр (м)	[diámetr]
raio (m)	радиус (м)	[rádius]
perímetro (m)	периметр (м)	[perímetr]
centro (m)	центр (м)	[ʦǽntr]

horizontal (adj)	горизонтальный	[gɔrizɔntálʲnıj]
vertical (adj)	вертикальный	[vertikálʲnıj]
paralela (f)	параллель (ж)	[paralélʲ]
paralelo (adj)	параллельный	[paralélʲnıj]

linha (f)	линия (ж)	[línija]
traço (m)	черта (ж)	[tʃertá]
reta (f)	прямая (ж)	[prɪmája]
curva (f)	кривая (ж)	[krivája]
fino (linha ~a)	тонкий	[tónkij]
contorno (m)	контур (м)	[kóntur]

interseção (f)	пересечение (с)	[pereseʧénie]
ângulo (m) reto	прямой угол (м)	[prɪmój úgɔl]
segmento (m)	сегмент (м)	[segmént]
setor (m)	сектор (м)	[séktɔr]
lado (de um triângulo, etc.)	сторона (ж)	[stɔrɔná]
ângulo (m)	угол (м)	[úgɔl]

22. Unidades de medida

peso (m)	вес (м)	[vés]
comprimento (m)	длина (ж)	[dliná]
largura (f)	ширина (ж)	[ʃiriná]
altura (f)	высота (ж)	[vısɔtá]
profundidade (f)	глубина (ж)	[glubiná]
volume (m)	объём (м)	[ɔbjóm]
área (f)	площадь (ж)	[plóʃatʲ]
grama (m)	грамм (м)	[grám]
miligrama (m)	миллиграмм (м)	[miligrám]

quilograma (m)	килограмм (м)	[kilɔgrám]
tonelada (f)	тонна (ж)	[tónna]
libra (453,6 gramas)	фунт (м)	[fúnt]
onça (f)	унция (ж)	[úntsija]

metro (m)	метр (м)	[métr]
milímetro (m)	миллиметр (м)	[milimétr]
centímetro (m)	сантиметр (м)	[santimétr]
quilômetro (m)	километр (м)	[kilɔmétr]
milha (f)	миля (ж)	[mílʲa]

polegada (f)	дюйм (м)	[dʲújm]
pé (304,74 mm)	фут (м)	[fút]
jarda (914,383 mm)	ярд (м)	[járd]

| metro (m) quadrado | квадратный метр (м) | [kvadrátnij métr] |
| hectare (m) | гектар (м) | [gektár] |

litro (m)	литр (м)	[lítr]
grau (m)	градус (м)	[grádus]
volt (m)	вольт (м)	[vólʲt]
ampère (m)	ампер (м)	[ampér]
cavalo (m) de potência	лошадиная сила (ж)	[lɔʃidínaja síla]

quantidade (f)	количество (c)	[kɔlítʃestvɔ]
um pouco de ...	немного ...	[nemnógɔ ...]
metade (f)	половина (ж)	[pɔlɔvína]
dúzia (f)	дюжина (ж)	[dʲúʒina]
peça (f)	штука (ж)	[ʃtúka]

| tamanho (m), dimensão (f) | размер (м) | [razmér] |
| escala (f) | масштаб (м) | [maʃtáb] |

mínimo (adj)	минимальный	[minimálʲnij]
menor, mais pequeno	наименьший	[naiménʲʃij]
médio (adj)	средний	[srédnij]
máximo (adj)	максимальный	[maksimálʲnij]
maior, mais grande	наибольший	[naibólʲʃij]

23. Recipientes

pote (m) de vidro	банка (ж)	[bánka]
lata (~ de cerveja)	банка (ж)	[bánka]
balde (m)	ведро (c)	[vedró]
barril (m)	бочка (ж)	[bótʃka]

bacia (~ de plástico)	таз (м)	[tás]
tanque (m)	бак (м)	[bák]
cantil (m) de bolso	фляжка (ж)	[flʲáʃka]
galão (m) de gasolina	канистра (ж)	[kanístra]
cisterna (f)	цистерна (ж)	[tsistærna]

| caneca (f) | кружка (ж) | [krúʃka] |
| xícara (f) | чашка (ж) | [tʃáʃka] |

pires (m)	блюдце (c)	[blʲútse]
copo (m)	стакан (m)	[stakán]
taça (f) de vinho	бокал (m)	[bokál]
panela (f)	кастрюля (ж)	[kastrʲúlʲa]

garrafa (f)	бутылка (ж)	[butî̃lka]
gargalo (m)	горлышко (c)	[górliʃko]

jarra (f)	графин (m)	[grafín]
jarro (m)	кувшин (m)	[kuffín]
recipiente (m)	сосуд (m)	[sosúd]
pote (m)	горшок (m)	[gorʃók]
vaso (m)	ваза (ж)	[váza]

frasco (~ de perfume)	флакон (m)	[flakón]
frasquinho (m)	пузырёк (m)	[puzirǿk]
tubo (m)	тюбик (m)	[tʲúbik]

saco (ex. ~ de açúcar)	мешок (m)	[meʃók]
sacola (~ plastica)	пакет (m)	[pakét]
maço (de cigarros, etc.)	пачка (ж)	[pátʃka]

caixa (~ de sapatos, etc.)	коробка (ж)	[korópka]
caixote (~ de madeira)	ящик (m)	[jáʃik]
cesto (m)	корзина (ж)	[korzína]

24. Materiais

material (m)	материал (m)	[materjál]
madeira (f)	дерево (c)	[dérevo]
de madeira	деревянный	[derevʲánnij]

vidro (m)	стекло (c)	[steklό]
de vidro	стеклянный	[steklʲánnij]

pedra (f)	камень (m)	[kámenʲ]
de pedra	каменный	[kámennij]

plástico (m)	пластик (m)	[plástik]
plástico (adj)	пластмассовый	[plastmásovij]

borracha (f)	резина (ж)	[rezína]
de borracha	резиновый	[rezínovij]

tecido, pano (m)	ткань (ж)	[tkánʲ]
de tecido	из ткани	[is tkáni]

papel (m)	бумага (ж)	[bumága]
de papel	бумажный	[bumáʒnij]

papelão (m)	картон (m)	[kartón]
de papelão	картонный	[kartónnij]
polietileno (m)	полиэтилен (m)	[poliɛtilén]
celofane (m)	целлофан (m)	[tsɛlofán]

| linóleo (m) | линолеум (м) | [linóleum] |
| madeira (f) compensada | фанера (ж) | [fanéra] |

porcelana (f)	фарфор (м)	[farfór]
de porcelana	фарфоровый	[farfórɔvij]
argila (f), barro (m)	глина (ж)	[glína]
de barro	глиняный	[glínınij]
cerâmica (f)	керамика (ж)	[kerámika]
de cerâmica	керамический	[keramítʃeskij]

25. Metais

metal (m)	металл (м)	[metál]
metálico (adj)	металлический	[metalítʃeskij]
liga (f)	сплав (м)	[spláf]

ouro (m)	золото (c)	[zólɔtɔ]
de ouro	золотой	[zɔlɔtój]
prata (f)	серебро (c)	[serebró]
de prata	серебряный	[serébrınij]

ferro (m)	железо (c)	[ʒelézɔ]
de ferro	железный	[ʒeléznij]
aço (m)	сталь (ж)	[stálʲ]
de aço (adj)	стальной	[stalʲnój]
cobre (m)	медь (ж)	[métʲ]
de cobre	медный	[médnij]

alumínio (m)	алюминий (м)	[alʲumínij]
de alumínio	алюминиевый	[alʲumínievij]
bronze (m)	бронза (ж)	[brónza]
de bronze	бронзовый	[brónzɔvij]

latão (m)	латунь (ж)	[latúnʲ]
níquel (m)	никель (м)	[níkelʲ]
platina (f)	платина (ж)	[plátina]
mercúrio (m)	ртуть (ж)	[rtútʲ]
estanho (m)	олово (c)	[ólɔvɔ]
chumbo (m)	свинец (м)	[svinéts]
zinco (m)	цинк (м)	[tsĩnk]

O SER HUMANO

O ser humano. O corpo

26. Humanos. Conceitos básicos

ser (m) humano	человек (м)	[ʧelɔvék]
homem (m)	мужчина (м)	[muʃína]
mulher (f)	женщина (ж)	[ʒǽnʃina]
criança (f)	ребёнок (м)	[rebǿnɔk]
menina (f)	девочка (ж)	[dévɔʧka]
menino (m)	мальчик (м)	[málʲʧik]
adolescente (m)	подросток (м)	[pɔdróstɔk]
velho (m)	старик (м)	[starík]
velha (f)	старая женщина (ж)	[stáraja ʒǽnʃina]

27. Anatomia humana

organismo (m)	организм (м)	[ɔrganízm]
coração (m)	сердце (с)	[sérʦe]
sangue (m)	кровь (ж)	[krófʲ]
artéria (f)	артерия (ж)	[artǽrija]
veia (f)	вена (ж)	[véna]
cérebro (m)	мозг (м)	[mósg]
nervo (m)	нерв (м)	[nérf]
nervos (m pl)	нервы (мн)	[nérvɨ]
vértebra (f)	позвонок (м)	[pɔzvɔnók]
coluna (f) vertebral	позвоночник (м)	[pɔzvɔnóʧnik]
estômago (m)	желудок (м)	[ʒelúdɔk]
intestinos (m pl)	кишечник (м)	[kiʃǽʧnik]
intestino (m)	кишка (ж)	[kiʃká]
fígado (m)	печень (ж)	[péʧenʲ]
rim (m)	почка (ж)	[póʧka]
osso (m)	кость (ж)	[kóstʲ]
esqueleto (m)	скелет (м)	[skelét]
costela (f)	ребро (с)	[rebró]
crânio (m)	череп (м)	[ʧérep]
músculo (m)	мышца (ж)	[mɨ̃ʃʦa]
bíceps (m)	бицепс (м)	[bíʦɛps]
tríceps (m)	трицепс (м)	[tríʦɛps]
tendão (m)	сухожилие (с)	[suhɔʒĩlie]
articulação (f)	сустав (м)	[sustáf]

pulmões (m pl)	лёгкие (мн)	[lǿhkie]
órgãos (m pl) genitais	половые органы (мн)	[pɔlɔvīe órganĭ]
pele (f)	кожа (ж)	[kóʒa]

28. Cabeça

cabeça (f)	голова (ж)	[gɔlɔvá]
rosto, cara (f)	лицо (c)	[liʦó]
nariz (m)	нос (м)	[nós]
boca (f)	рот (м)	[rót]

olho (m)	глаз (м)	[glás]
olhos (m pl)	глаза (мн)	[glazá]
pupila (f)	зрачок (м)	[zraʧók]
sobrancelha (f)	бровь (ж)	[brófʲ]
cílio (f)	ресница (ж)	[resníʦa]
pálpebra (f)	веко (c)	[vékɔ]

língua (f)	язык (м)	[jɪzīk]
dente (m)	зуб (м)	[zúb]
lábios (m pl)	губы (мн)	[gúbĭ]
maçãs (f pl) do rosto	скулы (мн)	[skúlĭ]
gengiva (f)	десна (ж)	[desná]
palato (m)	нёбо (c)	[nǿbɔ]

narinas (f pl)	ноздри (мн)	[nózdri]
queixo (m)	подбородок (м)	[pɔdbɔródɔk]
mandíbula (f)	челюсть (ж)	[ʧélʲustʲ]
bochecha (f)	щека (ж)	[ʃʲeká]

testa (f)	лоб (м)	[lób]
têmpora (f)	висок (м)	[visók]
orelha (f)	ухо (c)	[úhɔ]
costas (f pl) da cabeça	затылок (м)	[zatīlok]
pescoço (m)	шея (ж)	[ʃǽja]
garganta (f)	горло (c)	[górlɔ]

cabelo (m)	волосы (мн)	[vólɔsi]
penteado (m)	причёска (ж)	[priʧóska]
corte (m) de cabelo	стрижка (ж)	[stríʃka]
peruca (f)	парик (м)	[parík]

bigode (m)	усы (м мн)	[usī]
barba (f)	борода (ж)	[bɔrɔdá]
ter (~ barba, etc.)	носить (нсв, пх)	[nɔsítʲ]
trança (f)	коса (ж)	[kɔsá]
suíças (f pl)	бакенбарды (мн)	[bakenbárdĭ]

ruivo (adj)	рыжий	[rīʒij]
grisalho (adj)	седой	[sedój]
careca (adj)	лысый	[līsij]
calva (f)	лысина (ж)	[līsina]
rabo-de-cavalo (m)	хвост (м)	[hvóst]
franja (f)	чёлка (ж)	[ʧólka]

29. Corpo humano

mão (f)	кисть (ж)	[kístʲ]
braço (m)	рука (ж)	[ruká]

dedo (m)	палец (м)	[pálets]
polegar (m)	большой палец (м)	[bɔlʲʃój pálets]
dedo (m) mindinho	мизинец (м)	[mizínets]
unha (f)	ноготь (м)	[nógɔtʲ]

punho (m)	кулак (м)	[kulák]
palma (f)	ладонь (ж)	[ladónʲ]
pulso (m)	запястье (с)	[zapʲástje]
antebraço (m)	предплечье (с)	[pretplétʃje]
cotovelo (m)	локоть (м)	[lókɔtʲ]
ombro (m)	плечо (с)	[pletʃó]

perna (f)	нога (ж)	[nɔgá]
pé (m)	ступня (ж)	[stupnʲá]
joelho (m)	колено (с)	[kɔlénɔ]
panturrilha (f)	икра (ж)	[ikrá]
quadril (m)	бедро (с)	[bedró]
calcanhar (m)	пятка (ж)	[pʲátka]

corpo (m)	тело (с)	[télɔ]
barriga (f), ventre (m)	живот (м)	[ʒɨvót]
peito (m)	грудь (ж)	[grútʲ]
seio (m)	грудь (ж)	[grútʲ]
lado (m)	бок (м)	[bók]
costas (dorso)	спина (ж)	[spiná]
região (f) lombar	поясница (ж)	[pɔjisnítsa]
cintura (f)	талия (ж)	[tálija]

umbigo (m)	пупок (м)	[pupók]
nádegas (f pl)	ягодицы (мн)	[jágɔditsɨ]
traseiro (m)	зад (м)	[zád]

sinal (m), pinta (f)	родинка (ж)	[ródinka]
sinal (m) de nascença	родимое пятно (с)	[rɔdímɔe pɪtnó]
tatuagem (f)	татуировка (ж)	[tatuirófka]
cicatriz (f)	шрам (м)	[ʃrám]

Vestuário & Acessórios

30. Roupa exterior. Casacos

roupa (f)	одежда (ж)	[ɔdéʒda]
roupa (f) exterior	верхняя одежда (ж)	[vérhnʲaja ɔdéʒda]
roupa (f) de inverno	зимняя одежда (ж)	[zímnʲaja ɔdéʒda]
sobretudo (m)	пальто (c)	[palʲtó]
casaco (m) de pele	шуба (ж)	[ʃúba]
jaqueta (f) de pele	полушубок (м)	[pɔluʃúbɔk]
casaco (m) acolchoado	пуховик (м)	[puhɔvík]
casaco (m), jaqueta (f)	куртка (ж)	[kúrtka]
impermeável (m)	плащ (м)	[pláʃ]
a prova d'água	непромокаемый	[neprɔmɔkáemij]

31. Vestuário de homem & mulher

camisa (f)	рубашка (ж)	[rubáʃka]
calça (f)	брюки (мн)	[brʲúki]
jeans (m)	джинсы (мн)	[dʒīnsi]
paletó, terno (m)	пиджак (м)	[pidʒák]
terno (m)	костюм (м)	[kɔstʲúm]
vestido (ex. ~ de noiva)	платье (c)	[plátje]
saia (f)	юбка (ж)	[júpka]
blusa (f)	блузка (ж)	[blúska]
casaco (m) de malha	кофта (ж)	[kófta]
casaco, blazer (m)	жакет (м)	[ʒakét]
camiseta (f)	футболка (ж)	[futbólka]
short (m)	шорты (мн)	[ʃórti]
training (m)	спортивный костюм (м)	[spɔrtívnij kɔstʲúm]
roupão (m) de banho	халат (м)	[halát]
pijama (m)	пижама (ж)	[piʒáma]
suéter (m)	свитер (м)	[svítɛr]
pulôver (m)	пуловер (м)	[pulóver]
colete (m)	жилет (м)	[ʒilét]
fraque (m)	фрак (м)	[frák]
smoking (m)	смокинг (м)	[smóking]
uniforme (m)	форма (ж)	[fórma]
roupa (f) de trabalho	рабочая одежда (ж)	[rabóʧaja ɔdéʒda]
macacão (m)	комбинезон (м)	[kɔmbinezón]
jaleco (m), bata (f)	халат (м)	[halát]

32. Vestuário. Roupa interior

roupa (f) íntima	бельё (c)	[beljǿ]
cueca boxer (f)	трусы (м)	[trusī]
calcinha (f)	бельё (c)	[beljǿ]
camiseta (f)	майка (ж)	[májka]
meias (f pl)	носки (мн)	[nɔskí]
camisola (f)	ночная рубашка (ж)	[nɔtʃnája rubáʃka]
sutiã (m)	бюстгальтер (м)	[bʲusgálʲter]
meias longas (f pl)	гольфы (мн)	[gólʲfi]
meias-calças (f pl)	колготки (мн)	[kɔlgótki]
meias (~ de nylon)	чулки (мн)	[tʃulkí]
maiô (m)	купальник (м)	[kupálʲnik]

33. Adereços de cabeça

chapéu (m), touca (f)	шапка (ж)	[ʃápka]
chapéu (m) de feltro	шляпа (ж)	[ʃlʲápa]
boné (m) de beisebol	бейсболка (ж)	[bejzbólka]
boina (~ italiana)	кепка (ж)	[képka]
boina (ex. ~ basca)	берет (м)	[berét]
capuz (m)	капюшон (м)	[kapʲuʃón]
chapéu panamá (m)	панамка (ж)	[panámka]
touca (f)	вязаная шапочка (ж)	[vʲázanaja ʃápotʃka]
lenço (m)	платок (м)	[platók]
chapéu (m) feminino	шляпка (ж)	[ʃlʲápka]
capacete (m) de proteção	каска (ж)	[káska]
bibico (m)	пилотка (ж)	[pilótka]
capacete (m)	шлем (м)	[ʃlém]
chapéu-coco (m)	котелок (м)	[kɔtelók]
cartola (f)	цилиндр (м)	[tsïlíndr]

34. Calçado

calçado (m)	обувь (ж)	[óbufʲ]
botinas (f pl), sapatos (m pl)	ботинки (мн)	[botínki]
sapatos (de salto alto, etc.)	туфли (мн)	[túfli]
botas (f pl)	сапоги (мн)	[sapɔgí]
pantufas (f pl)	тапочки (мн)	[tápotʃki]
tênis (~ Nike, etc.)	кроссовки (мн)	[krɔsófki]
tênis (~ Converse)	кеды (мн)	[kédɨ]
sandálias (f pl)	сандалии (мн)	[sandálii]
sapateiro (m)	сапожник (м)	[sapóʒnik]
salto (m)	каблук (м)	[kablúk]

par (m)	пара (ж)	[pára]
cadarço (m)	шнурок (м)	[ʃnurók]
amarrar os cadarços	шнуровать (нсв, пх)	[ʃnurɔvátʲ]
calçadeira (f)	рожок (м)	[rɔʒók]
graxa (f) para calçado	крем (м) для обуви	[krém dlʲa óbuvi]

35. Têxtil. Tecidos

algodão (m)	хлопок (м)	[hlópɔk]
de algodão	из хлопка	[is hlópka]
linho (m)	лён (м)	[lǿn]
de linho	из льна	[iz lʲná]

seda (f)	шёлк (м)	[ʃólk]
de seda	шёлковый	[ʃólkɔvij]
lã (f)	шерсть (ж)	[ʃǽrstʲ]
de lã	шерстяной	[ʃɛrstɪnój]

veludo (m)	бархат (м)	[bárhat]
camurça (f)	замша (ж)	[zámʃa]
veludo (m) cotelê	вельвет (м)	[velʲvét]

nylon (m)	нейлон (м)	[nejlón]
de nylon	из нейлона	[iz nejlóna]
poliéster (m)	полиэстер (м)	[pɔliǽstɛr]
de poliéster	полиэстровый	[pɔliǽstrɔvij]

couro (m)	кожа (ж)	[kóʒa]
de couro	из кожи	[is kóʒi]
pele (f)	мех (м)	[méh]
de pele	меховой	[mehɔvój]

36. Acessórios pessoais

luva (f)	перчатки (ж мн)	[pertʃátki]
mitenes (f pl)	варежки (ж мн)	[váreʃki]
cachecol (m)	шарф (м)	[ʃárf]

óculos (m pl)	очки (мн)	[ɔtʃkí]
armação (f)	оправа (ж)	[ɔpráva]
guarda-chuva (m)	зонт (м)	[zónt]
bengala (f)	трость (ж)	[tróstʲ]
escova (f) para o cabelo	щётка (ж) для волос	[ʃǿtka dlʲa vɔlós]
leque (m)	веер (м)	[véer]

gravata (f)	галстук (м)	[gálstuk]
gravata-borboleta (f)	галстук-бабочка (м)	[gálstuk-bábɔtʃka]
suspensórios (m pl)	подтяжки (мн)	[pɔttʲáʃki]
lenço (m)	носовой платок (м)	[nɔsɔvój platók]

pente (m)	расчёска (ж)	[raʃǿska]
fivela (f) para cabelo	заколка (ж)	[zakólka]

| grampo (m) | шпилька (ж) | [ʃpílʲka] |
| fivela (f) | пряжка (ж) | [prʲáʃka] |

| cinto (m) | пояс (м) | [pójas] |
| alça (f) de ombro | ремень (м) | [reménʲ] |

bolsa (f)	сумка (ж)	[súmka]
bolsa (feminina)	сумочка (ж)	[súmɔtʃka]
mochila (f)	рюкзак (м)	[rʲukzák]

37. Vestuário. Diversos

moda (f)	мода (ж)	[móda]
na moda (adj)	модный	[módnij]
estilista (m)	модельер (м)	[mɔdɛljér]

colarinho (m)	воротник (м)	[vɔrɔtník]
bolso (m)	карман (м)	[karmán]
de bolso	карманный	[karmánnij]
manga (f)	рукав (м)	[rukáf]
ganchinho (m)	вешалка (ж)	[véʃəlka]
bragueta (f)	ширинка (ж)	[ʃirínka]

zíper (m)	молния (ж)	[mólnija]
colchete (m)	застёжка (ж)	[zastʲóʃka]
botão (m)	пуговица (ж)	[púgɔvitsa]
botoeira (casa de botão)	петля (ж)	[petlʲá]
soltar-se (vr)	оторваться (св, возв)	[ɔtɔrvátsa]

costurar (vi)	шить (нсв, н/пх)	[ʃitʲ]
bordar (vt)	вышивать (нсв, н/пх)	[viʃivátʲ]
bordado (m)	вышивка (ж)	[víʃifka]
agulha (f)	иголка (ж)	[igólka]
fio, linha (f)	нитка (ж)	[nítka]
costura (f)	шов (м)	[ʃóf]

sujar-se (vr)	испачкаться (св, возв)	[ispátʃkatsa]
mancha (f)	пятно (с)	[pitnó]
amarrotar-se (vr)	помяться (нсв, возв)	[pomʲátsa]
rasgar (vt)	порвать (св, пх)	[porvátʲ]
traça (f)	моль (м)	[mólʲ]

38. Cuidados pessoais. Cosméticos

pasta (f) de dente	зубная паста (ж)	[zubnája pásta]
escova (f) de dente	зубная щётка (ж)	[zubnája ʃʲótka]
escovar os dentes	чистить зубы	[tʃístitʲ zúbi]

gilete (f)	бритва (ж)	[brítva]
creme (m) de barbear	крем (м) для бритья	[krém dlʲa britjá]
barbear-se (vr)	бриться (нсв, возв)	[brítsa]
sabonete (m)	мыло (с)	[mĩlɔ]

xampu (m)	шампунь (м)	[ʃampúnʲ]
tesoura (f)	ножницы (мн)	[nóʒnitsi]
lixa (f) de unhas	пилочка (ж) для ногтей	[pílotʃka dlʲa nɔktéj]
corta-unhas (m)	щипчики (мн)	[ʃʲíptʃiki]
pinça (f)	пинцет (м)	[pintsǽt]

cosméticos (m pl)	косметика (ж)	[kɔsmétika]
máscara (f)	маска (ж)	[máska]
manicure (f)	маникюр (м)	[manikʲúr]
fazer as unhas	делать маникюр	[délatʲ manikʲúr]
pedicure (f)	педикюр (м)	[pedikʲúr]

bolsa (f) de maquiagem	косметичка (ж)	[kɔsmetítʃka]
pó (de arroz)	пудра (ж)	[púdra]
pó (m) compacto	пудреница (ж)	[púdrenitsa]
blush (m)	румяна (ж)	[rumʲána]

perfume (m)	духи (мн)	[duhí]
água-de-colônia (f)	туалетная вода (ж)	[tualétnaja vɔdá]
loção (f)	лосьон (м)	[lɔsjón]
colônia (f)	одеколон (м)	[ɔdekɔlón]

sombra (f) de olhos	тени (мн) для век	[téni dlʲa vék]
delineador (m)	карандаш (м) для глаз	[karandáʃ dlʲa glás]
máscara (f), rímel (m)	тушь (ж)	[túʃ]

batom (m)	губная помада (ж)	[gubnája pɔmáda]
esmalte (m)	лак (м) для ногтей	[lák dlʲa nɔktéj]
laquê (m), spray fixador (m)	лак (м) для волос	[lák dlʲa vɔlós]
desodorante (m)	дезодорант (м)	[dezɔdɔránt]

creme (m)	крем (м)	[krém]
creme (m) de rosto	крем (м) для лица	[krém dlʲa litsá]
creme (m) de mãos	крем (м) для рук	[krém dlʲa rúk]
creme (m) antirrugas	крем (м) против морщин	[krém prótif mɔrʃʲín]
creme (m) de dia	дневной крем (м)	[dnevnój krém]
creme (m) de noite	ночной крем (м)	[nɔtʃnój krém]
de dia	дневной	[dnevnój]
da noite	ночной	[nɔtʃnój]

absorvente (m) interno	тампон (м)	[tampón]
papel (m) higiênico	туалетная бумага (ж)	[tualétnaja bumága]
secador (m) de cabelo	фен (м)	[fén]

39. Joalheria

joias (f pl)	драгоценности (мн)	[dragɔtsǽnnɔsti]
precioso (adj)	драгоценный	[dragɔtsǽnnij]
marca (f) de contraste	проба (ж)	[próba]

anel (m)	кольцо (с)	[kɔlʲtsó]
aliança (f)	обручальное кольцо (с)	[ɔbrutʃálʲnɔe kɔlʲtsó]
pulseira (f)	браслет (м)	[braslét]
brincos (m pl)	серьги (мн)	[sérʲgi]

colar (m)	ожерелье (c)	[ɔʒerélje]
coroa (f)	корона (ж)	[koróna]
colar (m) de contas	бусы (мн)	[búsɨ]
diamante (m)	бриллиант (м)	[briljánt]
esmeralda (f)	изумруд (м)	[izumrúd]
rubi (m)	рубин (м)	[rubín]
safira (f)	сапфир (м)	[sapfír]
pérola (f)	жемчуг (м)	[ʒǽmtʃʲug]
âmbar (m)	янтарь (м)	[jɨntárʲ]

40. Relógios de pulso. Relógios

relógio (m) de pulso	часы (мн)	[tʃasɨ̄]
mostrador (m)	циферблат (м)	[tsiferblát]
ponteiro (m)	стрелка (ж)	[strélka]
bracelete (em aço)	браслет (м)	[braslét]
bracelete (em couro)	ремешок (м)	[remeʃók]
pilha (f)	батарейка (ж)	[bataréjka]
acabar (vi)	сесть (св, нпх)	[séstʲ]
trocar a pilha	поменять батарейку	[pɔmenʲátʲ bataréjku]
estar adiantado	спешить (нсв, нпх)	[speʃítʲ]
estar atrasado	отставать (нсв, нпх)	[ɔtstavátʲ]
relógio (m) de parede	настенные часы (мн)	[nasténnʲie tʃasɨ̄]
ampulheta (f)	песочные часы (мн)	[pesótʃnʲie tʃasɨ̄]
relógio (m) de sol	солнечные часы (мн)	[sólnetʃnʲie tʃasɨ̄]
despertador (m)	будильник (м)	[budílʲnik]
relojoeiro (m)	часовщик (м)	[tʃasɔfʃʲík]
reparar (vt)	ремонтировать (нсв, пх)	[remɔntírɔvatʲ]

Alimentação. Nutrição

41. Comida

carne (f)	мясо (c)	[m^jásɔ]
galinha (f)	курица (ж)	[kúritsa]
frango (m)	цыплёнок (м)	[tsiplǿnɔk]
pato (m)	утка (ж)	[útka]
ganso (m)	гусь (м)	[gús^j]
caça (f)	дичь (ж)	[dítʃ]
peru (m)	индейка (ж)	[indéjka]

carne (f) de porco	свинина (ж)	[svinína]
carne (f) de vitela	телятина (ж)	[tel^játina]
carne (f) de carneiro	баранина (ж)	[baránina]
carne (f) de vaca	говядина (ж)	[gɔv^jádina]
carne (f) de coelho	кролик (м)	[królik]

linguiça (f), salsichão (m)	колбаса (ж)	[kɔlbasá]
salsicha (f)	сосиска (ж)	[sɔsíska]
bacon (m)	бекон (м)	[bekón]
presunto (m)	ветчина (ж)	[vettʃiná]
pernil (m) de porco	окорок (м)	[ókɔrɔk]

patê (m)	паштет (м)	[paʃtét]
fígado (m)	печень (ж)	[pétʃen^j]
guisado (m)	фарш (м)	[fárʃ]
língua (f)	язык (м)	[jɪzɨ̃k]

ovo (m)	яйцо (c)	[jijtsó]
ovos (m pl)	яйца (мн)	[jájtsa]
clara (f) de ovo	белок (м)	[belók]
gema (f) de ovo	желток (м)	[ʒeltók]

peixe (m)	рыба (ж)	[rɨ̃ba]
mariscos (m pl)	морепродукты (мн)	[mɔre·prɔdúkti]
crustáceos (m pl)	ракообразные (мн)	[rakɔɔbráznie]
caviar (m)	икра (ж)	[ikrá]

caranguejo (m)	краб (м)	[kráb]
camarão (m)	креветка (ж)	[krevétka]
ostra (f)	устрица (ж)	[ústritsa]
lagosta (f)	лангуст (м)	[langúst]
polvo (m)	осьминог (м)	[ɔs^jminóg]
lula (f)	кальмар (м)	[kal^jmár]

esturjão (m)	осетрина (ж)	[ɔsetrína]
salmão (m)	лосось (м)	[lɔsós^j]
halibute (m)	палтус (м)	[páltus]
bacalhau (m)	треска (ж)	[treská]

cavala, sarda (f)	скумбрия (ж)	[skúmbrija]
atum (m)	тунец (м)	[tunéts]
enguia (f)	угорь (м)	[úgorʲ]

truta (f)	форель (ж)	[forǽlʲ]
sardinha (f)	сардина (ж)	[sardína]
lúcio (m)	щука (ж)	[ʃʲúka]
arenque (m)	сельдь (ж)	[sélʲtʲ]

pão (m)	хлеб (м)	[hléb]
queijo (m)	сыр (м)	[sɨr]
açúcar (m)	сахар (м)	[sáhar]
sal (m)	соль (ж)	[sólʲ]

arroz (m)	рис (м)	[rís]
massas (f pl)	макароны (мн)	[makaróni]
talharim, miojo (m)	лапша (ж)	[lapʃá]

manteiga (f)	сливочное масло (с)	[slívotʃnoe máslo]
óleo (m) vegetal	растительное масло (с)	[rastítelʲnoe máslo]
óleo (m) de girassol	подсолнечное масло (с)	[potsólnetʃnoe máslo]
margarina (f)	маргарин (м)	[margarín]

| azeitonas (f pl) | оливки (мн) | [olífki] |
| azeite (m) | оливковое масло (с) | [olífkovoe máslo] |

leite (m)	молоко (с)	[molokó]
leite (m) condensado	сгущённое молоко (с)	[sguʃʲónoe molokó]
iogurte (m)	йогурт (м)	[jógurt]
creme (m) azedo	сметана (ж)	[smetána]
creme (m) de leite	сливки (мн)	[slífki]

| maionese (f) | майонез (м) | [majinǽs] |
| creme (m) | крем (м) | [krém] |

grãos (m pl) de cereais	крупа (ж)	[krupá]
farinha (f)	мука (ж)	[muká]
enlatados (m pl)	консервы (мн)	[konsérvi]

flocos (m pl) de milho	кукурузные хлопья (мн)	[kukurúznie hlópja]
mel (m)	мёд (м)	[mød]
geleia (m)	джем, конфитюр (м)	[dʒǽm], [konfitʲúr]
chiclete (m)	жевательная резинка (м)	[ʒevátelʲnaja rezínka]

42. Bebidas

água (f)	вода (ж)	[vodá]
água (f) potável	питьевая вода (ж)	[pitjevája vodá]
água (f) mineral	минеральная вода (ж)	[minerálʲnaja vodá]

sem gás (adj)	без газа	[bez gáza]
gaseificada (adj)	газированная	[gazíróvanaja]
com gás	с газом	[s gázom]
gelo (m)	лёд (м)	[lød]

com gelo	со льдом	[sɔ lʲdóm]
não alcoólico (adj)	безалкогольный	[bezalkɔgólʲnij]
refrigerante (m)	безалкогольный напиток (м)	[bezalkɔgólʲnij napítɔk]
refresco (m)	прохладительный напиток (м)	[prɔhladítelʲnij napítɔk]
limonada (f)	лимонад (м)	[limɔnád]
bebidas (f pl) alcoólicas	алкогольные напитки (мн)	[alkɔgólʲnie napítki]
vinho (m)	вино (с)	[vinó]
vinho (m) branco	белое вино (с)	[bélɔe vinó]
vinho (m) tinto	красное вино (с)	[krásnɔe vinó]
licor (m)	ликёр (м)	[likǿr]
champanhe (m)	шампанское (с)	[ʃampánskɔe]
vermute (m)	вермут (м)	[vérmut]
uísque (m)	виски (с)	[víski]
vodca (f)	водка (ж)	[vótka]
gim (m)	джин (м)	[dʒĭn]
conhaque (m)	коньяк (м)	[kɔnják]
rum (m)	ром (м)	[róm]
café (m)	кофе (м)	[kófe]
café (m) preto	чёрный кофе (м)	[ʧórnij kófe]
café (m) com leite	кофе (м) с молоком	[kófe s mɔlɔkóm]
cappuccino (m)	кофе (м) со сливками	[kófe sɔ slífkami]
café (m) solúvel	растворимый кофе (м)	[rastvɔrímij kófe]
leite (m)	молоко (с)	[mɔlɔkó]
coquetel (m)	коктейль (м)	[kɔktæjlʲ]
batida (f), milkshake (m)	молочный коктейль (м)	[mɔlóʧnij kɔktæjlʲ]
suco (m)	сок (м)	[sók]
suco (m) de tomate	томатный сок (м)	[tɔmátnij sók]
suco (m) de laranja	апельсиновый сок (м)	[apelʲsínɔvij sók]
suco (m) fresco	свежевыжатый сок (м)	[sveʒe·vĭʒatij sók]
cerveja (f)	пиво (с)	[pívɔ]
cerveja (f) clara	светлое пиво (с)	[svétlɔe pívɔ]
cerveja (f) preta	тёмное пиво (с)	[tǿmnɔe pívɔ]
chá (m)	чай (м)	[ʧáj]
chá (m) preto	чёрный чай (м)	[ʧórnij ʧáj]
chá (m) verde	зелёный чай (м)	[zelǿnij ʧáj]

43. Vegetais

vegetais (m pl)	овощи (м мн)	[óvɔʃi]
verdura (f)	зелень (ж)	[zélenʲ]
tomate (m)	помидор (м)	[pɔmidór]
pepino (m)	огурец (м)	[ɔguréʦ]
cenoura (f)	морковь (ж)	[mɔrkófʲ]

batata (f)	картофель (м)	[kartófelʲ]
cebola (f)	лук (м)	[lúk]
alho (m)	чеснок (м)	[ʧesnók]

couve (f)	капуста (ж)	[kapústa]
couve-flor (f)	цветная капуста (ж)	[ʦvetnája kapústa]
couve-de-bruxelas (f)	брюссельская капуста (ж)	[brʲusélʲskaja kapústa]
brócolis (m pl)	капуста брокколи (ж)	[kapústa brókɔli]

beterraba (f)	свёкла (ж)	[svǿkla]
berinjela (f)	баклажан (м)	[baklaʒán]
abobrinha (f)	кабачок (м)	[kabaʧók]
abóbora (f)	тыква (ж)	[tɨ̄kva]
nabo (m)	репа (ж)	[répa]

salsa (f)	петрушка (ж)	[petrúʃka]
endro, aneto (m)	укроп (м)	[ukróp]
alface (f)	салат (м)	[salát]
aipo (m)	сельдерей (м)	[selʲderéj]
aspargo (m)	спаржа (ж)	[spárʒa]
espinafre (m)	шпинат (м)	[ʃpinát]

ervilha (f)	горох (м)	[gɔróh]
feijão (~ soja, etc.)	бобы (мн)	[bɔbɨ̄]
milho (m)	кукуруза (ж)	[kukurúza]
feijão (m) roxo	фасоль (ж)	[fasólʲ]

pimentão (m)	перец (м)	[pérets]
rabanete (m)	редис (м)	[redís]
alcachofra (f)	артишок (м)	[artiʃók]

44. Frutos. Nozes

fruta (f)	фрукт (м)	[frúkt]
maçã (f)	яблоко (с)	[jáblɔkɔ]
pera (f)	груша (ж)	[grúʃa]
limão (m)	лимон (м)	[limón]
laranja (f)	апельсин (м)	[apelʲsín]
morango (m)	клубника (ж)	[klubníka]

tangerina (f)	мандарин (м)	[mandarín]
ameixa (f)	слива (ж)	[slíva]
pêssego (m)	персик (м)	[pérsik]
damasco (m)	абрикос (м)	[abrikós]
framboesa (f)	малина (ж)	[malína]
abacaxi (m)	ананас (м)	[ananás]

banana (f)	банан (м)	[banán]
melancia (f)	арбуз (м)	[arbús]
uva (f)	виноград (м)	[vinɔgrád]
ginja (f)	вишня (ж)	[víʃnʲa]
cereja (f)	черешня (ж)	[ʧeréʃnʲa]
melão (m)	дыня (ж)	[dɨ̄nʲa]
toranja (f)	грейпфрут (м)	[gréjpfrut]

abacate (m)	авокадо (c)	[avɔkádɔ]
mamão (m)	папайя (ж)	[papája]
manga (f)	манго (c)	[mángɔ]
romã (f)	гранат (м)	[granát]

groselha (f) vermelha	красная смородина (ж)	[krásnaja smɔródina]
groselha (f) negra	чёрная смородина (ж)	[tʃórnaja smɔródina]
groselha (f) espinhosa	крыжовник (м)	[kriʒóvnik]
mirtilo (m)	черника (ж)	[tʃerníka]
amora (f) silvestre	ежевика (ж)	[eʒevíka]

passa (f)	изюм (м)	[izʲúm]
figo (m)	инжир (м)	[inʒīr]
tâmara (f)	финик (м)	[fínik]

amendoim (m)	арахис (м)	[aráhis]
amêndoa (f)	миндаль (м)	[mindálʲ]
noz (f)	грецкий орех (м)	[grétskij ɔréh]
avelã (f)	лесной орех (м)	[lesnój ɔréh]
coco (m)	кокосовый орех (м)	[kɔkósɔvij ɔréh]
pistaches (m pl)	фисташки (мн)	[fistáʃki]

45. Pão. Bolaria

pastelaria (f)	кондитерские изделия (мн)	[kɔndíterskie izdélija]
pão (m)	хлеб (м)	[hléb]
biscoito (m), bolacha (f)	печенье (c)	[petʃénje]

chocolate (m)	шоколад (м)	[ʃɔkɔlád]
de chocolate	шоколадный	[ʃɔkɔládnij]
bala (f)	конфета (ж)	[kɔnféta]
doce (bolo pequeno)	пирожное (c)	[piróʒnɔe]
bolo (m) de aniversário	торт (м)	[tórt]

| torta (f) | пирог (м) | [piróg] |
| recheio (m) | начинка (ж) | [natʃínka] |

geleia (m)	варенье (c)	[varénje]
marmelada (f)	мармелад (м)	[marmelád]
wafers (m pl)	вафли (мн)	[váfli]
sorvete (m)	мороженое (c)	[mɔróʒenɔe]
pudim (m)	пудинг (м)	[púding]

46. Pratos cozinhados

prato (m)	блюдо (c)	[blʲúdɔ]
cozinha (~ portuguesa)	кухня (ж)	[kúhnʲa]
receita (f)	рецепт (м)	[retsǽpt]
porção (f)	порция (ж)	[pórtsija]

| salada (f) | салат (м) | [salát] |
| sopa (f) | суп (м) | [súp] |

caldo (m)	бульон (м)	[buljón]
sanduíche (m)	бутерброд (м)	[buterbród]
ovos (m pl) fritos	яичница (ж)	[iíʃnitsa]

| hambúrguer (m) | гамбургер (м) | [gámburger] |
| bife (m) | бифштекс (м) | [bifʃtǽks] |

acompanhamento (m)	гарнир (м)	[garnír]
espaguete (m)	спагетти (мн)	[spagéti]
purê (m) de batata	картофельное пюре (c)	[kartófelʲnɔe pʲuré]
pizza (f)	пицца (ж)	[pítsa]
mingau (m)	каша (ж)	[káʃa]
omelete (f)	омлет (м)	[ɔmlét]

fervido (adj)	варёный	[varǿnij]
defumado (adj)	копчёный	[kɔptʃónij]
frito (adj)	жареный	[ʒárenij]
seco (adj)	сушёный	[suʃónij]
congelado (adj)	замороженный	[zamɔróʒenij]
em conserva (adj)	маринованный	[marinóvanij]

doce (adj)	сладкий	[slátkij]
salgado (adj)	солёный	[sɔlǿnij]
frio (adj)	холодный	[hɔlódnij]
quente (adj)	горячий	[gɔrʲátʃij]
amargo (adj)	горький	[górʲkij]
gostoso (adj)	вкусный	[fkúsnij]

cozinhar em água fervente	варить (нсв, пх)	[varítʲ]
preparar (vt)	готовить (нсв, пх)	[gɔtóvitʲ]
fritar (vt)	жарить (нсв, пх)	[ʒáritʲ]
aquecer (vt)	разогревать (нсв, пх)	[razɔgrevátʲ]

salgar (vt)	солить (нсв, пх)	[sɔlítʲ]
apimentar (vt)	перчить (нсв, пх)	[pértʃitʲ], [pertʃítʲ]
ralar (vt)	тереть (нсв, пх)	[terétʲ]
casca (f)	кожура (ж)	[kɔʒurá]
descascar (vt)	чистить (нсв, пх)	[tʃístitʲ]

47. Especiarias

sal (m)	соль (ж)	[sólʲ]
salgado (adj)	солёный	[sɔlǿnij]
salgar (vt)	солить (нсв, пх)	[sɔlítʲ]

pimenta-do-reino (f)	чёрный перец (м)	[tʃórnij pérets]
pimenta (f) vermelha	красный перец (м)	[krásnij pérets]
mostarda (f)	горчица (ж)	[gɔrtʃítsa]
raiz-forte (f)	хрен (м)	[hrén]

condimento (m)	приправа (ж)	[pripráva]
especiaria (f)	пряность (ж)	[prʲánɔstʲ]
molho (~ inglês)	соус (м)	[sóus]
vinagre (m)	уксус (м)	[úksus]

anis estrelado (m)	анис (м)	[anís]
manjericão (m)	базилик (м)	[bazilík]
cravo (m)	гвоздика (ж)	[gvɔzdíka]
gengibre (m)	имбирь (м)	[imbírʲ]
coentro (m)	кориандр (м)	[kɔriándr]
canela (f)	корица (ж)	[kɔrítsa]

gergelim (m)	кунжут (м)	[kunʒút]
folha (f) de louro	лавровый лист (м)	[lavróvij líst]
páprica (f)	паприка (ж)	[páprika]
cominho (m)	тмин (м)	[tmín]
açafrão (m)	шафран (м)	[ʃafrán]

48. Refeições

comida (f)	еда (ж)	[edá]
comer (vt)	есть (нсв, н/пх)	[éstʲ]

café (m) da manhã	завтрак (м)	[záftrak]
tomar café da manhã	завтракать (нсв, нпх)	[záftrakatʲ]
almoço (m)	обед (м)	[ɔbéd]
almoçar (vi)	обедать (нсв, нпх)	[ɔbédatʲ]
jantar (m)	ужин (м)	[úʒin]
jantar (vi)	ужинать (нсв, нпх)	[úʒinatʲ]

apetite (m)	аппетит (м)	[apetít]
Bom apetite!	Приятного аппетита!	[prijátnɔvɔ apetíta]

abrir (~ uma lata, etc.)	открывать (нсв, пх)	[ɔtkrivátʲ]
derramar (~ líquido)	пролить (св, пх)	[prɔlítʲ]
derramar-se (vr)	пролиться (св, возв)	[prɔlítsa]

ferver (vi)	кипеть (нсв, нпх)	[kipétʲ]
ferver (vt)	кипятить (нсв, пх)	[kipɪtítʲ]
fervido (adj)	кипячёный	[kipɪtʃónij]
esfriar (vt)	охладить (св, пх)	[ɔhladítʲ]
esfriar-se (vr)	охлаждаться (нсв, возв)	[ɔhlaʒdátsa]

sabor, gosto (m)	вкус (м)	[fkús]
fim (m) de boca	привкус (м)	[prífkus]

emagrecer (vi)	худеть (нсв, нпх)	[hudétʲ]
dieta (f)	диета (ж)	[diéta]
vitamina (f)	витамин (м)	[vitamín]
caloria (f)	калория (ж)	[kalórija]
vegetariano (m)	вегетарианец (м)	[vegetariánets]
vegetariano (adj)	вегетарианский	[vegetariánskij]

gorduras (f pl)	жиры (мн)	[ʒirí]
proteínas (f pl)	белки (мн)	[belkí]
carboidratos (m pl)	углеводы (мн)	[uglevódi]
fatia (~ de limão, etc.)	ломтик (м)	[lómtik]
pedaço (~ de bolo)	кусок (м)	[kusók]
migalha (f), farelo (m)	крошка (ж)	[króʃka]

49. Por a mesa

colher (f)	ложка (ж)	[lóʃka]
faca (f)	нож (м)	[nóʃ]
garfo (m)	вилка (ж)	[vílka]

xícara (f)	чашка (ж)	[ʧáʃka]
prato (m)	тарелка (ж)	[tarélka]
pires (m)	блюдце (c)	[blʲúʦe]
guardanapo (m)	салфетка (ж)	[salfétka]
palito (m)	зубочистка (ж)	[zubotʃístka]

50. Restaurante

restaurante (m)	ресторан (м)	[restɔrán]
cafeteria (f)	кофейня (ж)	[kɔféjnʲa]
bar (m), cervejaria (f)	бар (м)	[bár]
salão (m) de chá	чайный салон (м)	[ʧájnɪj salón]

garçom (m)	официант (м)	[ɔfiʦiánt]
garçonete (f)	официантка (ж)	[ɔfiʦiántka]
barman (m)	бармен (м)	[bármɛn]

cardápio (m)	меню (c)	[menʲú]
lista (f) de vinhos	карта (ж) вин	[kárta vín]
reservar uma mesa	забронировать столик	[zabrɔnírɔvatʲ stólik]

prato (m)	блюдо (c)	[blʲúdɔ]
pedir (vt)	заказать (cв, пх)	[zakazátʲ]
fazer o pedido	сделать заказ	[zdélatʲ zakás]

aperitivo (m)	аперитив (м)	[aperitíf]
entrada (f)	закуска (ж)	[zakúska]
sobremesa (f)	десерт (м)	[desért]

conta (f)	счёт (м)	[ʃɵt]
pagar a conta	оплатить счёт	[ɔplatítʲ ʃɵt]
dar o troco	дать сдачу	[dátʲ zdátʃu]
gorjeta (f)	чаевые (мн)	[ʧaevīe]

Família, parentes e amigos

nome (m)	имя (с)	[ímʲa]
sobrenome (m)	фамилия (ж)	[famílija]
data (f) de nascimento	дата (ж) рождения	[dáta rɔʒdénija]
local (m) de nascimento	место (с) рождения	[méstɔ rɔʒdénija]
nacionalidade (f)	национальность (ж)	[natsiɔnálʲnɔstʲ]
lugar (m) de residência	место (с) жительства	[méstɔ ʒītelʲstva]
país (m)	страна (ж)	[straná]
profissão (f)	профессия (ж)	[prɔfésija]
sexo (m)	пол (м)	[pól]
estatura (f)	рост (м)	[róst]
peso (m)	вес (м)	[vés]

mãe (f)	мать (ж)	[mátʲ]
pai (m)	отец (м)	[ɔtéts]
filho (m)	сын (м)	[sīn]
filha (f)	дочь (ж)	[dótʃʲ]
caçula (f)	младшая дочь (ж)	[mládʃaja dótʃʲ]
caçula (m)	младший сын (м)	[mládʃij sīn]
filha (f) mais velha	старшая дочь (ж)	[stárʃaja dótʃʲ]
filho (m) mais velho	старший сын (м)	[stárʃij sīn]
irmão (m)	брат (м)	[brát]
irmã (f)	сестра (ж)	[sestrá]
primo (m)	двоюродный брат (м)	[dvɔjúrɔdnij brát]
prima (f)	двоюродная сестра (ж)	[dvɔjúrɔdnaja sestrá]
mamãe (f)	мама (ж)	[máma]
papai (m)	папа (м)	[pápa]
pais (pl)	родители (мн)	[rɔdíteli]
criança (f)	ребёнок (м)	[rebǿnɔk]
crianças (f pl)	дети (мн)	[déti]
avó (f)	бабушка (ж)	[bábuʃka]
avô (m)	дедушка (м)	[déduʃka]
neto (m)	внук (м)	[vnúk]
neta (f)	внучка (ж)	[vnútʃka]
netos (pl)	внуки (мн)	[vnúki]
tio (m)	дядя (м)	[dʲádʲa]
tia (f)	тётя (ж)	[tǿtʲa]

| sobrinho (m) | племянник (м) | [plemʲánik] |
| sobrinha (f) | племянница (ж) | [plemʲánitsa] |

sogra (f)	тёща (ж)	[tóʃa]
sogro (m)	свёкор (м)	[svǿkɔr]
genro (m)	зять (м)	[zʲátʲ]
madrasta (f)	мачеха (ж)	[mátʃeha]
padrasto (m)	отчим (м)	[óttʃim]

criança (f) de colo	грудной ребёнок (м)	[grudnój rebǿnɔk]
bebê (m)	младенец (м)	[mladénets]
menino (m)	малыш (м)	[malíʃ]

mulher (f)	жена (ж)	[ʒená]
marido (m)	муж (м)	[múʃ]
esposo (m)	супруг (м)	[suprúg]
esposa (f)	супруга (ж)	[suprúga]

casado (adj)	женатый	[ʒenátij]
casada (adj)	замужняя	[zamúʒnʲaja]
solteiro (adj)	холостой	[hɔlɔstój]
solteirão (m)	холостяк (м)	[hɔlɔstʲák]
divorciado (adj)	разведённый	[razvedǿnnij]
viúva (f)	вдова (ж)	[vdɔvá]
viúvo (m)	вдовец (м)	[vdɔvéts]

parente (m)	родственник (м)	[rótstvenik]
parente (m) próximo	близкий родственник (м)	[blískij rótstvenik]
parente (m) distante	дальний родственник (м)	[dálʲnij rótstvenik]
parentes (m pl)	родные (мн)	[rɔdníje]

órfão (m)	сирота (м)	[sirɔtá]
órfã (f)	сирота (ж)	[sirɔtá]
tutor (m)	опекун (м)	[ɔpekún]
adotar (um filho)	усыновить (св, пх)	[usinɔvítʲ]
adotar (uma filha)	удочерить (св, пх)	[udɔtʃerítʲ]

53. Amigos. Colegas de trabalho

amigo (m)	друг (м)	[drúg]
amiga (f)	подруга (ж)	[pɔdrúga]
amizade (f)	дружба (ж)	[drúʒba]
ser amigos	дружить (нсв, нпх)	[druʒítʲ]

amigo (m)	приятель (м)	[prijátelʲ]
amiga (f)	приятельница (ж)	[prijátelʲnitsa]
parceiro (m)	партнёр (м)	[partnǿr]

chefe (m)	шеф (м)	[ʃǽf]
superior (m)	начальник (м)	[natʃálʲnik]
proprietário (m)	владелец (м)	[vladélets]
subordinado (m)	подчинённый (м)	[pɔttʃinǿnnij]
colega (m, f)	коллега (м)	[kɔléga]
conhecido (m)	знакомый (м)	[znakómij]

| companheiro (m) de viagem | попутчик (м) | [pɔpúttʃik] |
| colega (m) de classe | одноклассник (м) | [ɔdnɔklásnik] |

vizinho (m)	сосед (м)	[sɔséd]
vizinha (f)	соседка (ж)	[sɔsétka]
vizinhos (pl)	соседи (мн)	[sɔsédi]

54. Homem. Mulher

mulher (f)	женщина (ж)	[ʒǽnʃina]
menina (f)	девушка (ж)	[dévuʃka]
noiva (f)	невеста (ж)	[nevésta]

bonita, bela (adj)	красивая	[krasívaja]
alta (adj)	высокая	[visókaja]
esbelta (adj)	стройная	[strójnaja]
baixa (adj)	невысокого роста	[nevisókɔvɔ rósta]

| loira (f) | блондинка (ж) | [blɔndínka] |
| morena (f) | брюнетка (ж) | [brʲunétka] |

de senhora	дамский	[dámskij]
virgem (f)	девственница (ж)	[défstvenitsa]
grávida (adj)	беременная	[berémennaja]

homem (m)	мужчина (м)	[muʃína]
loiro (m)	блондин (м)	[blɔndín]
moreno (m)	брюнет (м)	[brʲunét]
alto (adj)	высокий	[visókij]
baixo (adj)	невысокого роста	[nevisókɔvɔ rósta]

rude (adj)	грубый	[grúbij]
atarracado (adj)	коренастый	[kɔrenástij]
robusto (adj)	крепкий	[krépkij]
forte (adj)	сильный	[síĺnij]
força (f)	сила (ж)	[síla]

gordo (adj)	полный	[pólnij]
moreno (adj)	смуглый	[smúglij]
esbelto (adj)	стройный	[strójnij]
elegante (adj)	элегантный	[ɛlegántnij]

55. Idade

idade (f)	возраст (м)	[vózrast]
juventude (f)	юность (ж)	[júnɔstʲ]
jovem (adj)	молодой	[mɔlɔdój]

mais novo (adj)	младше	[mládʃɛ]
mais velho (adj)	старше	[stárʃɛ]
jovem (m)	юноша (м)	[júnɔʃa]
adolescente (m)	подросток (м)	[pɔdróstɔk]

rapaz (m)	парень (м)	[párenʲ]
velho (m)	старик (м)	[starík]
velha (f)	старая женщина (ж)	[stáraja ʒǽnʃina]

adulto	взрослый	[vzrósłij]
de meia-idade	средних лет	[srédnih lét]
idoso, de idade (adj)	пожилой	[pɔʒiłój]
velho (adj)	старый	[stárij]

aposentadoria (f)	пенсия (ж)	[pénsija]
aposentar-se (vr)	уйти на пенсию	[ujtí na pénsiju]
aposentado (m)	пенсионер (ж)	[pensiɔnér]

56. Crianças

criança (f)	ребёнок (м)	[rebǿnɔk]
crianças (f pl)	дети (мн)	[déti]
gêmeos (m pl), gêmeas (f pl)	близнецы (мн)	[bliznetsī]

berço (m)	люлька (ж), колыбель (ж)	[lʲúlʲka], [kɔlibélʲ]
chocalho (m)	погремушка (ж)	[pɔgremúʃka]
fralda (f)	подгузник (м)	[pɔdgúznik]

chupeta (f), bico (m)	соска (ж)	[sóska]
carrinho (m) de bebê	коляска (ж)	[kɔlʲáska]
jardim (m) de infância	детский сад (м)	[détskij sád]
babysitter, babá (f)	няня (ж)	[nʲánʲa]

infância (f)	детство (с)	[détstvɔ]
boneca (f)	кукла (ж)	[kúkla]
brinquedo (m)	игрушка (ж)	[igrúʃka]
jogo (m) de montar	конструктор (м)	[kɔnstrúktɔr]
bem-educado (adj)	воспитанный	[vɔspítanij]
malcriado (adj)	невоспитанный	[nevɔspítanij]
mimado (adj)	избалованный	[izbalóvannij]

ser travesso	шалить (нсв, нпх)	[ʃalítʲ]
travesso, traquinas (adj)	шаловливый	[ʃalɔvlívij]
travessura (f)	шалость (ж)	[ʃálɔstʲ]
criança (f) travessa	шалун (м)	[ʃalún]

obediente (adj)	послушный	[pɔslúʃnij]
desobediente (adj)	непослушный	[nepɔslúʃnij]

dócil (adj)	умный, послушный	[úmnij], [pɔslúʃnij]
inteligente (adj)	умный, одарённый	[úmnij], [odarǿnnij]
prodígio (m)	вундеркинд (м)	[vunderkínd]

57. Casais. Vida de família

beijar (vt)	целовать (нсв, пх)	[tsɛlɔvátʲ]
beijar-se (vr)	целоваться (нсв, возв)	[tsɛlɔvátsa]

família (f)	семья (ж)	[semjá]
familiar (vida ~)	семейный	[seméjnij]
casal (m)	пара (ж), чета (ж)	[pára], [tʃetá]
matrimônio (m)	брак (м)	[brák]
lar (m)	домашний очаг (м)	[dɔmáʃnij ɔtʃág]
dinastia (f)	династия (ж)	[dinástija]

| encontro (m) | свидание (с) | [svidánie] |
| beijo (m) | поцелуй (м) | [pɔtsɛlúj] |

amor (m)	любовь (ж)	[lʲubófʲ]
amar (pessoa)	любить (нсв, пх)	[lʲubítʲ]
amado, querido (adj)	любимый	[lʲubímij]

ternura (f)	нежность (ж)	[néʒnɔstʲ]
afetuoso (adj)	нежный	[néʒnij]
fidelidade (f)	верность (ж)	[vérnɔstʲ]
fiel (adj)	верный	[vérnij]
cuidado (m)	забота (ж)	[zabóta]
carinhoso (adj)	заботливый	[zabótlivij]

recém-casados (pl)	молодожёны (мн)	[mɔlɔdɔʒónɨ]
lua (f) de mel	медовый месяц (м)	[medóvij mésɨts]
casar-se (com um homem)	выйти замуж	[vɨjti zámuʃ]
casar-se (com uma mulher)	жениться (н/св, возв)	[ʒenítsa]

casamento (m)	свадьба (ж)	[svátʲba]
bodas (f pl) de ouro	золотая свадьба (ж)	[zɔlɔtája svátʲba]
aniversário (m)	годовщина (ж)	[gɔdɔfʃína]

| amante (m) | любовник (м) | [lʲubóvnik] |
| amante (f) | любовница (ж) | [lʲubóvnitsa] |

adultério (m), traição (f)	измена (ж)	[izména]
cometer adultério	изменить (св, пх)	[izmenítʲ]
ciumento (adj)	ревнивый	[revnívij]
ser ciumento, -a	ревновать (нсв, н/пх)	[revnɔvátʲ]
divórcio (m)	развод (м)	[razvód]
divorciar-se (vr)	развестись (св, возв)	[razvestísʲ]

brigar (discutir)	ссориться (нсв, возв)	[ssóritsa]
fazer as pazes	мириться (нсв, возв)	[mirítsa]
juntos (ir ~)	вместе	[vméste]
sexo (m)	секс (м)	[sǽks]

felicidade (f)	счастье (с)	[ʃástje]
feliz (adj)	счастливый	[ʃislívij]
infelicidade (f)	несчастье (с)	[neʃástje]
infeliz (adj)	несчастный	[neʃásnij]

Caráter. Sentimentos. Emoções

58. Sentimentos. Emoções

sentimento (m)	чувство (с)	[ʧústvɔ]
sentimentos (m pl)	чувства (с мн)	[ʧústva]
sentir (vt)	чувствовать (нсв, пх)	[ʧústvɔvatʲ]
fome (f)	голод (м)	[gólɔd]
ter fome	хотеть есть	[hɔtétʲ éstʲ]
sede (f)	жажда (ж)	[ʒáʒda]
ter sede	хотеть пить	[hɔtétʲ pítʲ]
sonolência (f)	сонливость (ж)	[sɔnlívɔstʲ]
estar sonolento	хотеть спать	[hɔtétʲ spátʲ]
cansaço (m)	усталость (ж)	[ustálɔstʲ]
cansado (adj)	усталый	[ustálij]
ficar cansado	устать (св, нпх)	[ustátʲ]
humor (m)	настроение (с)	[nastrɔénie]
tédio (m)	скука (ж)	[skúka]
entediar-se (vr)	скучать (нсв, нпх)	[skuʧátʲ]
reclusão (isolamento)	уединение (с)	[uedinénie]
isolar-se (vr)	уединиться (св, возв)	[uedinítsa]
preocupar (vt)	беспокоить (нсв, пх)	[bespɔkóitʲ]
estar preocupado	беспокоиться (нсв, возв)	[bespɔkóitsa]
preocupação (f)	беспокойство (с)	[bespɔkójstvɔ]
ansiedade (f)	тревога (ж)	[trevóga]
preocupado (adj)	озабоченный	[ɔzabóʧenij]
estar nervoso	нервничать (нсв, нпх)	[nérvniʧatʲ]
entrar em pânico	паниковать (нсв, нпх)	[panikɔvátʲ]
esperança (f)	надежда (ж)	[nadéʒda]
esperar (vt)	надеяться (нсв, возв)	[nadéitsa]
certeza (f)	уверенность (ж)	[uvérenɔstʲ]
certo, seguro de …	уверенный	[uvérenij]
indecisão (f)	неуверенность (ж)	[neuvérenɔstʲ]
indeciso (adj)	неуверенный	[neuvérennij]
bêbado (adj)	пьяный	[pjánij]
sóbrio (adj)	трезвый	[trézvij]
fraco (adj)	слабый	[slábij]
assustar (vt)	испугать (св, пх)	[ispugátʲ]
fúria (f)	бешенство (с)	[béʃɛnstvɔ]
ira, raiva (f)	ярость (ж)	[járɔstʲ]
depressão (f)	депрессия (ж)	[deprésija]
desconforto (m)	дискомфорт (м)	[diskɔmfórt]

conforto (m)	комфорт (м)	[komfórt]
arrepender-se (vr)	сожалеть (нсв, нпх)	[soʒilétʲ]
arrependimento (m)	сожаление (c)	[soʒilénie]
azar (m), má sorte (f)	невезение (c)	[nevezénie]
tristeza (f)	огорчение (c)	[ogortʃénie]

vergonha (f)	стыд (м)	[stʉ̃d]
alegria (f)	веселье (c)	[vesélje]
entusiasmo (m)	энтузиазм (м)	[ɛntuziázm]
entusiasta (m)	энтузиаст (м)	[ɛntuziást]
mostrar entusiasmo	проявить энтузиазм	[projɪvítʲ ɛntuziázm]

59. Caráter. Personalidade

caráter (m)	характер (м)	[harákter]
falha (f) de caráter	недостаток (м)	[nedostátok]
mente (f)	ум (м)	[úm]
razão (f)	разум (м)	[rázum]

consciência (f)	совесть (ж)	[sóvestʲ]
hábito, costume (m)	привычка (ж)	[privʉ̃tʃka]
habilidade (f)	способность (ж)	[sposóbnostʲ]
saber (~ nadar, etc.)	уметь	[umétʲ]

paciente (adj)	терпеливый	[terpelívij]
impaciente (adj)	нетерпеливый	[neterpelívij]
curioso (adj)	любопытный	[lʲubopʉ̃tnij]
curiosidade (f)	любопытство (c)	[lʲubopʉ̃tstvo]

modéstia (f)	скромность (ж)	[skrómnostʲ]
modesto (adj)	скромный	[skrómnij]
imodesto (adj)	нескромный	[neskrómnij]

preguiça (f)	лень (ж)	[lénʲ]
preguiçoso (adj)	ленивый	[lenívij]
preguiçoso (m)	лентяй (м)	[lentʲáj]

astúcia (f)	хитрость (ж)	[hítrostʲ]
astuto (adj)	хитрый	[hítrij]
desconfiança (f)	недоверие (c)	[nedovérie]
desconfiado (adj)	недоверчивый	[nedovértʃivij]

generosidade (f)	щедрость (ж)	[ʃʲédrostʲ]
generoso (adj)	щедрый	[ʃʲédrij]
talentoso (adj)	талантливый	[talántlivij]
talento (m)	талант (м)	[talánt]

corajoso (adj)	смелый	[smélij]
coragem (f)	смелость (ж)	[smélostʲ]
honesto (adj)	честный	[tʃésnij]
honestidade (f)	честность (ж)	[tʃésnostʲ]

prudente, cuidadoso (adj)	осторожный	[ostoróʒnij]
valoroso (adj)	отважный	[otváʒnij]

sério (adj)	серьёзный	[serjóznij]
severo (adj)	строгий	[strógij]

decidido (adj)	решительный	[reʃĭtelʲnij]
indeciso (adj)	нерешительный	[nereʃĭtelʲnij]
tímido (adj)	робкий	[rópkij]
timidez (f)	робость (ж)	[róbostʲ]

confiança (f)	доверие (с)	[dovérie]
confiar (vt)	верить (нсв, пх)	[véritʲ]
crédulo (adj)	доверчивый	[dovértʃivij]

sinceramente	искренне	[ískrene]
sincero (adj)	искренний	[ískrenij]
sinceridade (f)	искренность (ж)	[ískrenostʲ]
aberto (adj)	открытый	[otkrĩtij]

calmo (adj)	тихий	[tíhij]
franco (adj)	откровенный	[otkrovénnij]
ingênuo (adj)	наивный	[naívnij]
distraído (adj)	рассеянный	[rasséɪnij]
engraçado (adj)	смешной	[smeʃnój]

ganância (f)	жадность (ж)	[ʒádnostʲ]
ganancioso (adj)	жадный	[ʒádnij]
avarento, sovina (adj)	скупой	[skupój]
mal (adj)	злой	[zlój]
teimoso (adj)	упрямый	[uprʲámij]
desagradável (adj)	неприятный	[neprijátnij]

egoísta (m)	эгоист (м)	[ɛgoíst]
egoísta (adj)	эгоистичный	[ɛgoistítʃnij]
covarde (m)	трус (м)	[trús]
covarde (adj)	трусливый	[truslívij]

60. O sono. Sonhos

dormir (vi)	спать (нсв, нпх)	[spátʲ]
sono (m)	сон (м)	[són]
sonho (m)	сон (м)	[són]
sonhar (ver sonhos)	видеть сны	[vídetʲ snĩ]
sonolento (adj)	сонный	[sónnij]

cama (f)	кровать (ж)	[krovátʲ]
colchão (m)	матрас (м)	[matrás]
cobertor (m)	одеяло (с)	[odejálo]
travesseiro (m)	подушка (ж)	[podúʃka]
lençol (m)	простыня (ж)	[prostinʲá]

insônia (f)	бессонница (ж)	[bessónitsa]
sem sono (adj)	бессонный	[bessónij]
sonífero (m)	снотворное (с)	[snotvórnoe]
tomar um sonífero	принять снотворное	[prinʲátʲ snotvórnoe]
estar sonolento	хотеть спать	[hotétʲ spátʲ]

bocejar (vi)	зевать (нсв, нпх)	[zevátʲ]
ir para a cama	идти спать	[itʲtí spátʲ]
fazer a cama	стелить постель	[stelítʲ postélʲ]
adormecer (vi)	заснуть (св, нпх)	[zasnútʲ]

pesadelo (m)	кошмар (м)	[koʃmár]
ronco (m)	храп (м)	[hráp]
roncar (vi)	храпеть (нсв, нпх)	[hrapétʲ]

despertador (m)	будильник (м)	[budílʲnik]
acordar, despertar (vt)	разбудить (св, пх)	[razbudítʲ]
acordar (vi)	просыпаться (св, возв)	[prosīpatsa]
levantar-se (vr)	вставать (нсв, нпх)	[fstavátʲ]
lavar-se (vr)	умываться (нсв, возв)	[umiváʦa]

61. Humor. Riso. Alegria

humor (m)	юмор (м)	[júmɔr]
senso (m) de humor	чувство юмора (с)	[ʧústvo júmɔra]
divertir-se (vr)	веселиться (нсв, возв)	[veselíʦa]
alegre (adj)	весёлый	[vesǿlij]
diversão (f)	веселье (с)	[vesélje]

sorriso (m)	улыбка (ж)	[ulĩpka]
sorrir (vi)	улыбаться (нсв, возв)	[ulibáʦa]
começar a rir	засмеяться (св, возв)	[zasmejáʦa]
rir (vi)	смеяться (нсв, возв)	[smejáʦa]
riso (m)	смех (м)	[sméh]

anedota (f)	анекдот (м)	[anekdót]
engraçado (adj)	смешной	[smeʃnój]
ridículo, cômico (adj)	смешной	[smeʃnój]

brincar (vi)	шутить (нсв, нпх)	[ʃutítʲ]
piada (f)	шутка (ж)	[ʃútka]
alegria (f)	радость (ж)	[rádostʲ]
regozijar-se (vr)	радоваться (нсв, возв)	[rádovaʦa]
alegre (adj)	радостный	[rádosnij]

62. Discussão, conversação. Parte 1

comunicação (f)	общение (с)	[opʃénie]
comunicar-se (vr)	общаться (нсв, возв)	[opʃáʦa]

conversa (f)	разговор (м)	[razgovór]
diálogo (m)	диалог (м)	[dialóg]
discussão (f)	дискуссия (ж)	[diskúsija]
debate (m)	спор (м)	[spór]
debater (vt)	спорить (нсв, нпх)	[spóritʲ]

interlocutor (m)	собеседник (м)	[sobesédnik]
tema (m)	тема (ж)	[téma]

ponto (m) de vista	точка (ж) зрения	[tótʃka zrénija]
opinião (f)	мнение (c)	[mnénie]
discurso (m)	речь (ж)	[rétʃ]

discussão (f)	обсуждение (c)	[ɔpsuʒdénie]
discutir (vt)	обсуждать (нсв, пх)	[ɔpsuʒdátʲ]
conversa (f)	беседа (ж)	[beséda]
conversar (vi)	беседовать (нсв, нпх)	[besédɔvatʲ]
reunião (f)	встреча (ж)	[fstrétʃa]
encontrar-se (vr)	встречаться (нсв, возв)	[fstretʃátsa]

provérbio (m)	пословица (ж)	[pɔslóvitsa]
ditado, provérbio (m)	поговорка (ж)	[pɔgovórka]
adivinha (f)	загадка (ж)	[zagátka]
dizer uma adivinha	загадывать загадку	[zagádivatʲ zagátku]
senha (f)	пароль (м)	[parólʲ]
segredo (m)	секрет (м)	[sekrét]

juramento (m)	клятва (ж)	[klʲátva]
jurar (vi)	клясться (нсв, возв)	[klʲástsa]
promessa (f)	обещание (c)	[ɔbeʃánie]
prometer (vt)	обещать (н/св, пх)	[ɔbeʃátʲ]

conselho (m)	совет (м)	[sɔvét]
aconselhar (vt)	советовать (нсв, пх)	[sɔvétɔvatʲ]
seguir o conselho	следовать совету	[slédɔvatʲ sɔvétu]
escutar (~ os conselhos)	слушаться (нсв, возв)	[slúʃatsa]

novidade, notícia (f)	новость (ж)	[nóvɔstʲ]
sensação (f)	сенсация (ж)	[sensátsija]
informação (f)	сведения (мн)	[svédenja]
conclusão (f)	вывод (м)	[vīvɔd]
voz (f)	голос (ж)	[gólɔs]
elogio (m)	комплимент (м)	[kɔmplimént]
amável, querido (adj)	любезный	[lʲubéznij]

palavra (f)	слово (c)	[slóvɔ]
frase (f)	фраза (ж)	[fráza]
resposta (f)	ответ (м)	[ɔtvét]

| verdade (f) | правда (ж) | [právda] |
| mentira (f) | ложь (ж) | [lóʃ] |

| pensamento (m) | мысль (ж) | [mīslʲ] |
| fantasia (f) | фантазия (ж) | [fantázija] |

63. Discussão, conversação. Parte 2

estimado, respeitado (adj)	уважаемый	[uvaʒáemij]
respeitar (vt)	уважать (нсв, пх)	[uvaʒátʲ]
respeito (m)	уважение (c)	[uvaʒǽnie]
Estimado ..., Caro ...	Уважаемый ...	[uvaʒáemij ...]
apresentar (alguém a alguém)	познакомить (св, пх)	[pɔznakómitʲ]

conhecer (vt)	познакомиться (св, возв)	[poznakómitsa]
intenção (f)	намерение (c)	[namérenie]
tencionar (~ fazer algo)	намереваться (нсв, возв)	[namerevátsa]
desejo (de boa sorte)	пожелание (c)	[poʒelánie]
desejar (ex. ~ boa sorte)	пожелать (св, пх)	[poʒelátʲ]

surpresa (f)	удивление (c)	[udivlénie]
surpreender (vt)	удивлять (нсв, пх)	[udivlʲátʲ]
surpreender-se (vr)	удивляться (нсв, возв)	[udivlʲátsa]

dar (vt)	дать (св, пх)	[dátʲ]
pegar (tomar)	взять (св, пх)	[vzʲátʲ]
devolver (vt)	вернуть (св, пх)	[vernútʲ]
retornar (vt)	отдать (св, пх)	[otdátʲ]

desculpar-se (vr)	извиняться (нсв, возв)	[izvinʲátsa]
desculpa (f)	извинение (c)	[izvinénie]
perdoar (vt)	прощать (нсв, пх)	[proʃátʲ]

falar (vi)	разговаривать (нсв, нпх)	[razgovárivatʲ]
escutar (vt)	слушать (нсв, пх)	[slúʃatʲ]
ouvir até o fim	выслушать (св, пх)	[vīsluʃatʲ]
entender (compreender)	понять (св, пх)	[ponʲátʲ]

mostrar (vt)	показать (св, пх)	[pokazátʲ]
olhar para ...	глядеть на ... (нсв)	[glʲadétʲ na ...]
chamar (alguém para ...)	позвать (св, пх)	[pozvátʲ]
perturbar, distrair (vt)	беспокоить (нсв, пх)	[bespokóitʲ]
perturbar (vt)	мешать (нсв, пх)	[meʃátʲ]
entregar (~ em mãos)	передать (св, пх)	[peredátʲ]

pedido (m)	просьба (ж)	[prósʲba]
pedir (ex. ~ ajuda)	просить (нсв, пх)	[prosítʲ]
exigência (f)	требование (c)	[trébovanie]
exigir (vt)	требовать (нсв, пх)	[trébovatʲ]

insultar (chamar nomes)	дразнить (нсв, пх)	[draznítʲ]
zombar (vt)	насмехаться (нсв, возв)	[nasmehátsa]
zombaria (f)	насмешка (ж)	[nasméʃka]
alcunha (f), apelido (m)	прозвище (c)	[prózviʃe]

insinuação (f)	намёк (м)	[namǿk]
insinuar (vt)	намекать (нсв, н/пх)	[namekátʲ]
querer dizer	подразумевать (нсв, пх)	[podrazumevátʲ]

descrição (f)	описание (c)	[opisánie]
descrever (vt)	описать (нсв, пх)	[opisátʲ]
elogio (m)	похвала (ж)	[pohvalá]
elogiar (vt)	похвалить (св, пх)	[pohvalítʲ]

desapontamento (m)	разочарование (c)	[razotʃarovánie]
desapontar (vt)	разочаровать (св, пх)	[razotʃarovátʲ]
desapontar-se (vr)	разочароваться (св, возв)	[razotʃarovátsa]

| suposição (f) | предположение (c) | [pretpoloʒǽnie] |
| supor (vt) | предполагать (нсв, пх) | [pretpolagátʲ] |

| advertência (f) | предостережение (c) | [predɔsterezǽnie] |
| advertir (vt) | предостеречь (св, пх) | [predɔsterétʃʲ] |

64. Discussão, conversação. Parte 3

| convencer (vt) | уговорить (св, пх) | [ugɔvɔrítʲ] |
| acalmar (vt) | успокаивать (нсв, пх) | [uspɔkáivatʲ] |

silêncio (o ~ é de ouro)	молчание (c)	[mɔltʃánie]
ficar em silêncio	молчать (нсв, нпх)	[mɔltʃátʲ]
sussurrar (vt)	шепнуть (св, пх)	[ʃɛpnútʲ]
sussurro (m)	шёпот (м)	[ʃópɔt]

| francamente | откровенно | [ɔtkrɔvénnɔ] |
| na minha opinião … | по моему мнению … | [pɔ mɔemú mnéniju …] |

detalhe (~ da história)	подробность (ж)	[pɔdróbnɔstʲ]
detalhado (adj)	подробный	[pɔdróbnɨj]
detalhadamente	подробно	[pɔdróbnɔ]

| dica (f) | подсказка (ж) | [pɔtskáska] |
| dar uma dica | подсказать (св, пх) | [pɔtskazátʲ] |

olhar (m)	взгляд (м)	[vzglʲád]
dar uma olhada	взглянуть (св, нпх)	[vzglɪnútʲ]
fixo (olhada ~a)	неподвижный	[nepɔdvíʒnɨj]
piscar (vi)	моргать (нсв, нпх)	[mɔrgátʲ]
piscar (vt)	мигнуть (св, нпх)	[mignútʲ]
acenar com a cabeça	кивнуть (св, н/пх)	[kivnútʲ]

suspiro (m)	вздох (м)	[vzdóh]
suspirar (vi)	вздохнуть (св, нпх)	[vzdɔhnútʲ]
estremecer (vi)	вздрагивать (нсв, нпх)	[vzdrágivatʲ]
gesto (m)	жест (м)	[ʒǽst]
tocar (com as mãos)	прикоснуться (св, возв)	[prikɔsnútsa]
agarrar (~ pelo braço)	хватать (нсв, пх)	[hvatátʲ]
bater de leve	хлопать (нсв, нпх)	[hlópatʲ]

Cuidado!	Осторожно!	[ɔstɔróʒnɔ]
Sério?	Неужели?	[neuʒǽli?]
Tem certeza?	Ты уверен?	[tɨ̃ uvéren?]
Boa sorte!	Удачи!	[udátʃi]
Entendi!	Ясно!	[jásnɔ]
Que pena!	Жаль!	[ʒálʲ]

65. Acordo. Recusa

consentimento (~ mútuo)	согласие (c)	[sɔglásie]
consentir (vi)	соглашаться (нсв, возв)	[sɔglaʃátsa]
aprovação (f)	одобрение (c)	[ɔdɔbrénie]
aprovar (vt)	одобрить (св, пх)	[ɔdóbritʲ]
recusa (f)	отказ (м)	[ɔtkás]

negar-se a ...	отказываться (нсв, возв)	[ɔtkázivatsa]
Ótimo!	Отлично!	[ɔtlítʃnɔ]
Tudo bem!	Хорошо!	[hɔrɔʃó]
Está bem! De acordo!	Ладно!	[ládnɔ]

proibido (adj)	запрещённый	[zapreʃǿnij]
é proibido	нельзя	[nelʲzʲá]
é impossível	невозможно	[nevɔzmóʒnɔ]
incorreto (adj)	неправильный	[neprávilʲnij]

rejeitar (~ um pedido)	отклонить (св, пх)	[ɔtklɔnítʲ]
apoiar (vt)	поддержать (св, пх)	[pɔdderʒátʲ]
aceitar (desculpas, etc.)	принять (св, пх)	[prinʲátʲ]

confirmar (vt)	подтвердить (св, пх)	[pɔttverdítʲ]
confirmação (f)	подтверждение (c)	[pɔttverʒdénie]
permissão (f)	разрешение (c)	[razreʃǽnie]
permitir (vt)	разрешить (св, пх)	[razreʃítʲ]
decisão (f)	решение (c)	[reʃǽnie]
não dizer nada	промолчать (св, нпх)	[prɔmɔltʃátʲ]

condição (com uma ~)	условие (c)	[uslóvie]
pretexto (m)	отговорка (ж)	[ɔdgɔvórka]
elogio (m)	похвала (ж)	[pɔhvalá]
elogiar (vt)	похвалить (св, пх)	[pɔhvalítʲ]

66. Sucesso. Boa sorte. Insucesso

êxito, sucesso (m)	успех (м)	[uspéh]
com êxito	успешно	[uspéʃnɔ]
bem sucedido (adj)	успешный	[uspéʃnij]

sorte (fortuna)	удача (ж)	[udátʃa]
Boa sorte!	Удачи!	[udátʃi]
de sorte	удачный	[udátʃnij]
sortudo, felizardo (adj)	удачливый	[udátʃlivij]

fracasso (m)	неудача (ж)	[neudátʃa]
pouca sorte (f)	неудача (ж)	[neudátʃa]
azar (m), má sorte (f)	невезение (c)	[nevezénie]

| mal sucedido (adj) | неудачный | [neudátʃnij] |
| catástrofe (f) | катастрофа (ж) | [katastrófa] |

orgulho (m)	гордость (ж)	[górdɔstʲ]
orgulhoso (adj)	гордый	[górdij]
estar orgulhoso, -a	гордиться (нсв, возв)	[gɔrdítsa]

vencedor (m)	победитель (м)	[pɔbedítelʲ]
vencer (vi, vt)	победить (св, нпх)	[pɔbedítʲ]
perder (vt)	проиграть (св, нпх)	[prɔigrátʲ]
tentativa (f)	попытка (ж)	[pɔpïtka]
tentar (vt)	пытаться (нсв, возв)	[pitátsa]
chance (m)	шанс (м)	[ʃáns]

67. Conflitos. Emoções negativas

grito (m)	крик (м)	[krík]
gritar (vi)	кричать (нсв, нпх)	[kritʃátʲ]
começar a gritar	закричать (св, нпх)	[zakritʃátʲ]

discussão (f)	ссора (ж)	[ssóra]
brigar (discutir)	ссориться (нсв, возв)	[ssóritsa]
escândalo (m)	скандал (м)	[skandál]
criar escândalo	скандалить (нсв, нпх)	[skandálitʲ]
conflito (m)	конфликт (м)	[konflíkt]
mal-entendido (m)	недоразумение (с)	[nedorazuménie]

insulto (m)	оскорбление (с)	[oskorblénie]
insultar (vt)	оскорблять (нсв, пх)	[oskorblʲátʲ]
insultado (adj)	оскорблённый	[oskorblǿnnij]
ofensa (f)	обида (ж)	[obída]
ofender (vt)	обидеть (св, пх)	[obídetʲ]
ofender-se (vr)	обидеться (св, возв)	[obídetsa]

indignação (f)	возмущение (с)	[vozmuʃénie]
indignar-se (vr)	возмущаться (нсв, возв)	[vozmuʃátsa]
queixa (f)	жалоба (ж)	[ʒáloba]
queixar-se (vr)	жаловаться (нсв, возв)	[ʒálovatsa]

desculpa (f)	извинение (с)	[izvinénie]
desculpar-se (vr)	извиняться (нсв, возв)	[izvinʲátsa]
pedir perdão	просить прощения	[prosítʲ proʃénija]

crítica (f)	критика (ж)	[krítika]
criticar (vt)	критиковать (нсв, пх)	[kritikovátʲ]
acusação (f)	обвинение (с)	[obvinénie]
acusar (vt)	обвинять (нсв, пх)	[obvinʲátʲ]

vingança (f)	месть (ж)	[méstʲ]
vingar (vt)	мстить (нсв, пх)	[mstítʲ]
vingar-se de	отплатить (св, пх)	[otplatítʲ]

desprezo (m)	презрение (с)	[prezrénie]
desprezar (vt)	презирать (нсв, пх)	[prezirátʲ]
ódio (m)	ненависть (ж)	[nénavistʲ]
odiar (vt)	ненавидеть (нсв, пх)	[nenavídetʲ]

nervoso (adj)	нервный	[nérvnij]
estar nervoso	нервничать (нсв, нпх)	[nérvnitʃatʲ]
zangado (adj)	сердитый	[serdítij]
zangar (vt)	рассердить (св, пх)	[rasserdítʲ]

humilhação (f)	унижение (с)	[uniʒǽnie]
humilhar (vt)	унижать (нсв, пх)	[uniʒátʲ]
humilhar-se (vr)	унижаться (нсв, возв)	[uniʒátsa]

choque (m)	шок (м)	[ʃók]
chocar (vt)	шокировать (н/св, пх)	[ʃokírovatʲ]
aborrecimento (m)	неприятность (ж)	[neprijátnostʲ]

desagradável (adj)	неприятный	[neprijátnij]
medo (m)	страх (м)	[stráh]
terrível (tempestade, etc.)	страшный	[stráʃnij]
assustador (ex. história ~a)	страшный	[stráʃnij]
horror (m)	ужас (м)	[úʒas]
horrível (crime, etc.)	ужасный	[uʒásnij]

começar a tremer	задрожать (нсв, нпх)	[zadrɔʒátⁱ]
chorar (vi)	плакать (нсв, нпх)	[plákatⁱ]
começar a chorar	заплакать (св, нпх)	[zaplákatⁱ]
lágrima (f)	слеза (мн)	[slezá]

falta (f)	вина (ж)	[viná]
culpa (f)	вина (ж)	[viná]
desonra (f)	позор (м)	[pɔzór]
protesto (m)	протест (м)	[prɔtést]
estresse (m)	стресс (м)	[strés]

perturbar (vt)	беспокоить (нсв, пх)	[bespɔkóitⁱ]
zangar-se com …	злиться (нсв, возв)	[zlítsa]
zangado (irritado)	злой	[zlój]
terminar (vt)	прекращать (нсв, пх)	[prekraʃátⁱ]
praguejar	ругаться (нсв, возв)	[rugátsa]

assustar-se	пугаться (нсв, возв)	[pugátsa]
golpear (vt)	ударить (св, пх)	[udáritⁱ]
brigar (na rua, etc.)	драться (нсв, возв)	[drátsa]

resolver (o conflito)	урегулировать (св, пх)	[uregulírɔvatⁱ]
descontente (adj)	недовольный	[nedɔvólⁱnij]
furioso (adj)	яростный	[járɔsnij]

| Não está bem! | Это нехорошо! | [ǽtɔ nehɔrɔʃó] |
| É ruim! | Это плохо! | [ǽtɔ plóhɔ] |

Medicina

doença (f)	болезнь (ж)	[boléznʲ]
estar doente	болеть (нсв, нпх)	[bolétʲ]
saúde (f)	здоровье (c)	[zdoróvje]

nariz (m) escorrendo	насморк (м)	[násmork]
amigdalite (f)	ангина (ж)	[angína]
resfriado (m)	простуда (ж)	[prostúda]
ficar resfriado	простудиться (св, возв)	[prostudítsa]

bronquite (f)	бронхит (м)	[bronhít]
pneumonia (f)	воспаление (c) лёгких	[vospalénie lǿhkih]
gripe (f)	грипп (м)	[gríp]

míope (adj)	близорукий	[blizorúkij]
presbita (adj)	дальнозоркий	[dalʲnozórkij]
estrabismo (m)	косоглазие (c)	[kosoglázie]
estrábico, vesgo (adj)	косоглазый	[kosoglázij]
catarata (f)	катаракта (ж)	[katarákta]
glaucoma (m)	глаукома (ж)	[glaukóma]

AVC (m), apoplexia (f)	инсульт (м)	[insúlʲt]
ataque (m) cardíaco	инфаркт (м)	[infárkt]
enfarte (m) do miocárdio	инфаркт (м) миокарда	[infárkt miokárda]
paralisia (f)	паралич (м)	[palalítʃ]
paralisar (vt)	парализовать (нсв, пх)	[paralizovátʲ]

alergia (f)	аллергия (ж)	[alergíja]
asma (f)	астма (ж)	[ástma]
diabetes (f)	диабет (м)	[diabét]

| dor (f) de dente | зубная боль (ж) | [zubnája bólʲ] |
| cárie (f) | кариес (м) | [káries] |

diarreia (f)	диарея (ж)	[diaréja]
prisão (f) de ventre	запор (м)	[zapór]
desarranjo (m) intestinal	расстройство (c) желудка	[rastrójstvo ʒelútka]
intoxicação (f) alimentar	отравление (c)	[otravlénie]
intoxicar-se	отравиться (св, возв)	[otravítsa]

artrite (f)	артрит (м)	[artrít]
raquitismo (m)	рахит (м)	[rahít]
reumatismo (m)	ревматизм (м)	[revmatízm]
arteriosclerose (f)	атеросклероз (м)	[atɛrosklerós]

| gastrite (f) | гастрит (м) | [gastrít] |
| apendicite (f) | аппендицит (м) | [apenditsît] |

| colecistite (f) | холецистит (м) | [hɔleʦistít] |
| úlcera (f) | язва (ж) | [jázva] |

sarampo (m)	корь (ж)	[kórʲ]
rubéola (f)	краснуха (ж)	[krasnúha]
icterícia (f)	желтуха (ж)	[ʒeltúha]
hepatite (f)	гепатит (м)	[gepatít]

esquizofrenia (f)	шизофрения (ж)	[ʃizɔfreníja]
raiva (f)	бешенство (с)	[béʃɛnstvɔ]
neurose (f)	невроз (м)	[nevrós]
contusão (f) cerebral	сотрясение (с) мозга	[sɔtrısénie mózga]

câncer (m)	рак (м)	[rák]
esclerose (f)	склероз (м)	[sklerós]
esclerose (f) múltipla	рассеянный склероз (м)	[rasséınnij sklerós]

alcoolismo (m)	алкоголизм (м)	[alkɔgɔlízm]
alcoólico (m)	алкоголик (м)	[alkɔgólik]
sífilis (f)	сифилис (м)	[sífilis]
AIDS (f)	СПИД (м)	[spíd]

tumor (m)	опухоль (ж)	[ópuhɔlʲ]
maligno (adj)	злокачественная	[zlɔkátʃestvenaja]
benigno (adj)	доброкачественная	[dɔbrɔkátʃestvenaja]

febre (f)	лихорадка (ж)	[lihɔrátka]
malária (f)	малярия (ж)	[malîríja]
gangrena (f)	гангрена (ж)	[gangréna]
enjoo (m)	морская болезнь (ж)	[mɔrskája bɔléznʲ]
epilepsia (f)	эпилепсия (ж)	[ɛpilépsija]

epidemia (f)	эпидемия (ж)	[ɛpidémija]
tifo (m)	тиф (м)	[tíf]
tuberculose (f)	туберкулёз (м)	[tuberkulǿs]
cólera (f)	холера (ж)	[hɔléra]
peste (f) bubônica	чума (ж)	[ʧumá]

69. Sintomas. Tratamentos. Parte 1

sintoma (m)	симптом (м)	[simptóm]
temperatura (f)	температура (ж)	[temperatúra]
febre (f)	высокая температура (ж)	[visókaja temperatúra]
pulso (m)	пульс (м)	[púlʲs]

vertigem (f)	головокружение (с)	[gólɔvɔ·kruʒǽnie]
quente (testa, etc.)	горячий	[gɔrʲátʃij]
calafrio (m)	озноб (м)	[ɔznób]
pálido (adj)	бледный	[blédnij]

tosse (f)	кашель (м)	[káʃɛlʲ]
tossir (vi)	кашлять (нсв, нпх)	[káʃlıtʲ]
espirrar (vi)	чихать (нсв, нпх)	[ʧihátʲ]
desmaio (m)	обморок (м)	[óbmɔrɔk]

desmaiar (vi)	упасть в обморок	[upástⁱ v óbmɔrɔk]
mancha (f) preta	синяк (м)	[sinⁱák]
galo (m)	шишка (ж)	[ʃĩʃka]
machucar-se (vr)	удариться (св, возв)	[udáritsa]
contusão (f)	ушиб (м)	[uʃĩb]
machucar-se (vr)	ударить ... (св, пх)	[udáritⁱ ...]

mancar (vi)	хромать (нсв, нпх)	[hrɔmátⁱ]
deslocamento (f)	вывих (м)	[vīvih]
deslocar (vt)	вывихнуть (св, пх)	[vīvihnutⁱ]
fratura (f)	перелом (м)	[perelóm]
fraturar (vt)	получить перелом	[pɔluʧítⁱ perelóm]

corte (m)	порез (м)	[pɔrés]
cortar-se (vr)	порезаться (св, возв)	[pɔrézatsa]
hemorragia (f)	кровотечение (c)	[krɔvɔ·teʧénie]

| queimadura (f) | ожог (м) | [ɔӡóg] |
| queimar-se (vr) | обжечься (св, возв) | [ɔbӡǽʧsⁱa] |

picar (vt)	уколоть (св, пх)	[ukɔlótⁱ]
picar-se (vr)	уколоться (св, возв)	[ukɔlótsa]
lesionar (vt)	повредить (св, пх)	[pɔvredítⁱ]
lesão (m)	повреждение (c)	[pɔvreӡdénie]
ferida (f), ferimento (m)	рана (ж)	[rána]
trauma (m)	травма (ж)	[trávma]

delirar (vi)	бредить (нсв, нпх)	[bréditⁱ]
gaguejar (vi)	заикаться (нсв, возв)	[zaikátsa]
insolação (f)	солнечный удар (м)	[sólneʧnij udár]

70. Sintomas. Tratamentos. Parte 2

| dor (f) | боль (ж) | [bólⁱ] |
| farpa (no dedo, etc.) | заноза (ж) | [zanóza] |

suor (m)	пот (м)	[pót]
suar (vi)	потеть (нсв, нпх)	[pɔtétⁱ]
vômito (m)	рвота (ж)	[rvóta]
convulsões (f pl)	судороги (ж мн)	[súdɔrɔgi]

grávida (adj)	беременная	[berémennaja]
nascer (vi)	родиться (св, возв)	[rɔdítsa]
parto (m)	роды (мн)	[ródɨ]
dar à luz	рожать (нсв, пх)	[rɔӡátⁱ]
aborto (m)	аборт (м)	[abórt]

respiração (f)	дыхание (c)	[dɨhánie]
inspiração (f)	вдох (м)	[vdóh]
expiração (f)	выдох (м)	[vīdɔh]
expirar (vi)	выдохнуть (св, пх)	[vīdɔhnutⁱ]
inspirar (vi)	вдыхать (нсв, нпх)	[vdɨhátⁱ]
inválido (m)	инвалид (м)	[invalíd]
aleijado (m)	калека (c)	[kaléka]

drogado (m)	наркоман (м)	[narkɔmán]
surdo (adj)	глухой	[gluhój]
mudo (adj)	немой	[nemój]
surdo-mudo (adj)	глухонемой	[gluhɔ·nemój]

louco, insano (adj)	сумасшедший	[sumaʃǽdʃɛj]
louco (m)	сумасшедший (м)	[sumaʃǽdʃɛj]
louca (f)	сумасшедшая (ж)	[sumaʃǽdʃaja]
ficar louco	сойти с ума	[sɔjtí s umá]

gene (m)	ген (м)	[gén]
imunidade (f)	иммунитет (м)	[imunitét]
hereditário (adj)	наследственный	[naslétstvenij]
congênito (adj)	врождённый	[vrɔʒdǿnij]

vírus (m)	вирус (м)	[vírus]
micróbio (m)	микроб (м)	[mikrób]
bactéria (f)	бактерия (ж)	[baktǽrija]
infecção (f)	инфекция (ж)	[inféktsija]

71. Sintomas. Tratamentos. Parte 3

hospital (m)	больница (ж)	[bɔlʲnítsa]
paciente (m)	пациент (м)	[patsiǽnt]

diagnóstico (m)	диагноз (м)	[diágnɔs]
cura (f)	лечение (с)	[letʃénie]
tratamento (m) médico	лечение (с)	[letʃénie]
curar-se (vr)	лечиться (нсв, возв)	[letʃítsa]
tratar (vt)	лечить (нсв, пх)	[letʃítʲ]
cuidar (pessoa)	ухаживать (нсв, нпх)	[uháʒivatʲ]
cuidado (m)	уход (м)	[uhód]

operação (f)	операция (ж)	[ɔperátsija]
enfaixar (vt)	перевязать (св, пх)	[perevɪzátʲ]
enfaixamento (m)	перевязка (ж)	[perevʲázka]

vacinação (f)	прививка (ж)	[privífka]
vacinar (vt)	делать прививку	[délatʲ privífku]
injeção (f)	укол (м)	[ukól]
dar uma injeção	делать укол	[délatʲ ukól]

amputação (f)	ампутация (ж)	[amputátsija]
amputar (vt)	ампутировать (н/св, пх)	[amputírɔvatʲ]
coma (f)	кома (ж)	[kóma]
estar em coma	быть в коме	[bĭtʲ f kóme]
reanimação (f)	реанимация (ж)	[reanimátsija]

recuperar-se (vr)	выздоравливать (нсв, нпх)	[vizdɔrávlivatʲ]
estado (~ de saúde)	состояние (с)	[sɔstɔjánie]
consciência (perder a ~)	сознание (с)	[sɔznánie]
memória (f)	память (ж)	[pámɪtʲ]
tirar (vt)	удалять (нсв, пх)	[udalʲátʲ]
obturação (f)	пломба (ж)	[plómba]

obturar (vt)	пломбировать (нсв, пх)	[plombirovátʲ]
hipnose (f)	гипноз (м)	[gipnós]
hipnotizar (vt)	гипнотизировать (нсв, пх)	[gipnʌtizírʌvatʲ]

72. Médicos

médico (m)	врач (м)	[vrátʃ]
enfermeira (f)	медсестра (ж)	[metsestrá]
médico (m) pessoal	личный врач (м)	[lítʃnij vrátʃ]
dentista (m)	стоматолог (м)	[stʌmatólɔg]
oculista (m)	окулист (м)	[ɔkulíst]
terapeuta (m)	терапевт (м)	[terapévt]
cirurgião (m)	хирург (м)	[hirúrg]
psiquiatra (m)	психиатр (м)	[psihiátr]
pediatra (m)	педиатр (м)	[pediátr]
psicólogo (m)	психолог (м)	[psihólɔg]
ginecologista (m)	гинеколог (м)	[ginekólɔg]
cardiologista (m)	кардиолог (м)	[kardiólɔg]

73. Medicina. Drogas. Acessórios

medicamento (m)	лекарство (с)	[lekárstvɔ]
remédio (m)	средство (с)	[srétstvɔ]
receitar (vt)	прописать (нсв, пх)	[prʌpisátʲ]
receita (f)	рецепт (м)	[retsǽpt]
comprimido (m)	таблетка (ж)	[tablétka]
unguento (m)	мазь (ж)	[másʲ]
ampola (f)	ампула (ж)	[ámpula]
solução, preparado (m)	микстура (ж)	[mikstúra]
xarope (m)	сироп (м)	[siróp]
cápsula (f)	пилюля (ж)	[pilʲúlʲa]
pó (m)	порошок (м)	[pʌrʌʃók]
atadura (f)	бинт (м)	[bínt]
algodão (m)	вата (ж)	[váta]
iodo (m)	йод (м)	[jód]
curativo (m) adesivo	лейкопластырь (м)	[lejkʌplástirʲ]
conta-gotas (m)	пипетка (ж)	[pipétka]
termômetro (m)	градусник (м)	[grádusnik]
seringa (f)	шприц (м)	[ʃpríts]
cadeira (f) de rodas	коляска (ж)	[kʌlʲáska]
muletas (f pl)	костыли (м мн)	[kʌstilí]
analgésico (m)	обезболивающее (с)	[ɔbezbólivajuʃee]
laxante (m)	слабительное (с)	[slabítelʲnɔe]
álcool (m)	спирт (м)	[spírt]
ervas (f pl) medicinais	трава (ж)	[travá]
de ervas (chá ~)	травяной	[travɪnój]

74. Fumar. Produtos tabágicos

tabaco (m)	табак (м)	[tabák]
cigarro (m)	сигарета (ж)	[sigaréta]
charuto (m)	сигара (ж)	[sigára]
cachimbo (m)	трубка (ж)	[trúpka]
maço (~ de cigarros)	пачка (ж)	[pátʃka]
fósforos (m pl)	спички (ж мн)	[spítʃki]
caixa (f) de fósforos	спичечный коробок (м)	[spítʃetʃnij kɔrɔbók]
isqueiro (m)	зажигалка (ж)	[zaʒigálka]
cinzeiro (m)	пепельница (ж)	[pépelʲnitsa]
cigarreira (f)	портсигар (м)	[pɔrtsigár]
piteira (f)	мундштук (м)	[munʃtúk]
filtro (m)	фильтр (м)	[fílʲtr]
fumar (vi, vt)	курить (нсв, н/пх)	[kurítʲ]
acender um cigarro	прикурить (св, н/пх)	[prikurítʲ]
tabagismo (m)	курение (с)	[kurénie]
fumante (m)	курильщик (м)	[kurílʲʃik]
bituca (f)	окурок (м)	[ɔkúrɔk]
fumaça (f)	дым (м)	[dɯ̄m]
cinza (f)	пепел (м)	[pépel]

HABITAT HUMANO

Cidade

cidade (f)	город (м)	[górɔd]
capital (f)	столица (ж)	[stɔlítsa]
aldeia (f)	деревня (ж)	[derévnʲa]
mapa (m) da cidade	план (м) города	[plán górɔda]
centro (m) da cidade	центр (м) города	[tsǽntr górɔda]
subúrbio (m)	пригород (м)	[prígɔrɔd]
suburbano (adj)	пригородный	[prígɔrɔdnij]
periferia (f)	окраина (ж)	[ɔkráina]
arredores (m pl)	окрестности (ж мн)	[ɔkrésnɔsti]
quarteirão (m)	квартал (м)	[kvartál]
quarteirão (m) residencial	жилой квартал (м)	[ʒiló j kvartál]
tráfego (m)	движение (с)	[dviʒǽnie]
semáforo (m)	светофор (м)	[svetɔfór]
transporte (m) público	городской транспорт (м)	[gɔrɔtskój tránspɔrt]
cruzamento (m)	перекрёсток (м)	[perekrǿstɔk]
faixa (f)	переход (м)	[perehód]
túnel (m) subterrâneo	подземный переход (м)	[pɔdzémnij perehód]
cruzar, atravessar (vt)	переходить (нсв, н/пх)	[perehɔdítʲ]
pedestre (m)	пешеход (м)	[peʃɛhód]
calçada (f)	тротуар (м)	[trɔtuár]
ponte (f)	мост (м)	[móst]
margem (f) do rio	набережная (ж)	[nábereʒnaja]
fonte (f)	фонтан (м)	[fɔntán]
alameda (f)	аллея (ж)	[aléja]
parque (m)	парк (м)	[párk]
bulevar (m)	бульвар (м)	[bulʲvár]
praça (f)	площадь (ж)	[plóʃatʲ]
avenida (f)	проспект (м)	[prɔspékt]
rua (f)	улица (ж)	[úlitsa]
travessa (f)	переулок (м)	[pereúlɔk]
beco (m) sem saída	тупик (м)	[tupík]
casa (f)	дом (м)	[dóm]
edifício, prédio (m)	здание (с)	[zdánie]
arranha-céu (m)	небоскрёб (м)	[nebɔskrǿb]
fachada (f)	фасад (м)	[fasád]
telhado (m)	крыша (ж)	[krī̌ʃa]

janela (f)	окно (c)	[ɔknó]
arco (m)	арка (ж)	[árka]
coluna (f)	колонна (ж)	[kɔlóna]
esquina (f)	угол (м)	[úgɔl]

vitrine (f)	витрина (ж)	[vitrína]
letreiro (m)	вывеска (ж)	[vīveska]
cartaz (do filme, etc.)	афиша (ж)	[afíʃa]
cartaz (m) publicitário	рекламный плакат (м)	[reklámnij plakát]
painel (m) publicitário	рекламный щит (м)	[reklámnij ʃít]

lixo (m)	мусор (м)	[músɔr]
lata (f) de lixo	урна (ж)	[úrna]
jogar lixo na rua	сорить (нсв, нпх)	[sɔrítʲ]
aterro (m) sanitário	свалка (ж)	[sválka]

orelhão (m)	телефонная будка (ж)	[telefónnaja bútka]
poste (m) de luz	фонарный столб (м)	[fɔnárnij stólb]
banco (m)	скамейка (ж)	[skaméjka]

polícia (m)	полицейский (м)	[pɔlitsæ̈jskij]
polícia (instituição)	полиция (ж)	[pɔlítsija]
mendigo, pedinte (m)	нищий (м)	[níʃʲij]
desabrigado (m)	бездомный (м)	[bezdómnij]

76. Instituições urbanas

loja (f)	магазин (м)	[magazín]
drogaria (f)	аптека (ж)	[aptéka]
ótica (f)	оптика (ж)	[óptika]
centro (m) comercial	торговый центр (м)	[tɔrgóvij tsæ̈ntr]
supermercado (m)	супермаркет (м)	[supermárket]

padaria (f)	булочная (ж)	[búlɔtʃnaja]
padeiro (m)	пекарь (м)	[pékarʲ]
pastelaria (f)	кондитерская (ж)	[kɔndíterskaja]
mercearia (f)	продуктовый магазин (м)	[prɔduktóvij magazín]
açougue (m)	мясная лавка (ж)	[mısnája láfka]

| fruteira (f) | овощная лавка (ж) | [ɔvɔʃnája láfka] |
| mercado (m) | рынок (м) | [rīnɔk] |

cafeteria (f)	кафе (c)	[kafǽ]
restaurante (m)	ресторан (м)	[restɔrán]
bar (m)	пивная (ж)	[pivnája]
pizzaria (f)	пиццерия (ж)	[pitsæ̈rija], [pitsɛríja]

salão (m) de cabeleireiro	парикмахерская (ж)	[parihmáherskaja]
agência (f) dos correios	почта (ж)	[pótʃta]
lavanderia (f)	химчистка (ж)	[himtʃístka]
estúdio (m) fotográfico	фотоателье (c)	[fɔtɔ·atɛljé]

| sapataria (f) | обувной магазин (м) | [ɔbuvnój magazín] |
| livraria (f) | книжный магазин (м) | [kníʒnij magazín] |

loja (f) de artigos esportivos	спортивный магазин (м)	[sportívnij magazín]
costureira (m)	ремонт (м) одежды	[remónt odéʒdi]
aluguel (m) de roupa	прокат (м) одежды	[prokát odéʒdi]
videolocadora (f)	прокат (м) фильмов	[prokát fílʲmof]

circo (m)	цирк (м)	[tsĩrk]
jardim (m) zoológico	зоопарк (м)	[zoopárk]
cinema (m)	кинотеатр (м)	[kinoteátr]
museu (m)	музей (м)	[muzéj]
biblioteca (f)	библиотека (ж)	[bibliotéka]

teatro (m)	театр (м)	[teátr]
ópera (f)	опера (ж)	[ópera]
boate (casa noturna)	ночной клуб (м)	[notʃnój klúb]
cassino (m)	казино (с)	[kazinó]

mesquita (f)	мечеть (ж)	[metʃétʲ]
sinagoga (f)	синагога (ж)	[sinagóga]
catedral (f)	собор (м)	[sobór]
templo (m)	храм (м)	[hrám]
igreja (f)	церковь (ж)	[tsǽrkofʲ]

faculdade (f)	институт (м)	[institút]
universidade (f)	университет (м)	[universitét]
escola (f)	школа (ж)	[ʃkóla]

prefeitura (f)	префектура (ж)	[prefektúra]
câmara (f) municipal	мэрия (ж)	[mǽrija]
hotel (m)	гостиница (ж)	[gostínitsa]
banco (m)	банк (м)	[bánk]

embaixada (f)	посольство (с)	[posólʲstvo]
agência (f) de viagens	турагентство (с)	[tur·agénstvo]
agência (f) de informações	справочное бюро (с)	[správotʃnoe bʲuró]
casa (f) de câmbio	обменный пункт (м)	[obménnij púnkt]

| metrô (m) | метро (с) | [metró] |
| hospital (m) | больница (ж) | [bolʲnítsa] |

| posto (m) de gasolina | автозаправка (ж) | [afto·zapráfka] |
| parque (m) de estacionamento | стоянка (ж) | [stojánka] |

77. Transportes urbanos

ônibus (m)	автобус (м)	[aftóbus]
bonde (m) elétrico	трамвай (м)	[tramváj]
trólebus (m)	троллейбус (м)	[troléjbus]
rota (f), itinerário (m)	маршрут (м)	[marʃrút]
número (m)	номер (м)	[nómer]

ir de ... (carro, etc.)	ехать на ... (нсв)	[éhatʲ na ...]
entrar no ...	сесть на ... (св)	[séstʲ na ...]
descer do ...	сойти с ... (св)	[sojtí s ...]
parada (f)	остановка (ж)	[ostanófka]

próxima parada (f)	следующая остановка (ж)	[sléduʃaja ɔstanófka]
terminal (m)	конечная остановка (ж)	[kɔnétʃnaja ɔstanófka]
horário (m)	расписание (с)	[raspisánie]
esperar (vt)	ждать (нсв, пх)	[ʒdátʲ]

passagem (f)	билет (м)	[bilét]
tarifa (f)	стоимость (ж) билета	[stóimɔstʲ biléta]

bilheteiro (m)	кассир (м)	[kassír]
controle (m) de passagens	контроль (м)	[kɔntrólʲ]
revisor (m)	контролёр (м)	[kɔntrɔlǿr]

atrasar-se (vr)	опаздывать на ... (нсв, нпх)	[ɔpázdivatʲ na ...]
perder (o autocarro, etc.)	опоздать на ... (св, нпх)	[ɔpozdátʲ na ...]
estar com pressa	спешить (нсв, нпх)	[speʃítʲ]

táxi (m)	такси (с)	[taksí]
taxista (m)	таксист (м)	[taksíst]
de táxi (ir ~)	на такси	[na taksí]
ponto (m) de táxis	стоянка (ж) такси	[stɔjánka taksí]
chamar um táxi	вызвать такси	[vīzvatʲ taksí]
pegar um táxi	взять такси	[vzʲátʲ taksí]

tráfego (m)	уличное движение (с)	[úliʧnɔe dviʒǽnie]
engarrafamento (m)	пробка (ж)	[própka]
horas (f pl) de pico	часы пик (м)	[ʧasī pík]
estacionar (vi)	парковаться (нсв, возв)	[parkɔváʦa]
estacionar (vt)	парковать (нсв, пх)	[parkɔvátʲ]
parque (m) de estacionamento	стоянка (ж)	[stɔjánka]

metrô (m)	метро (с)	[metró]
estação (f)	станция (ж)	[stántsija]
ir de metrô	ехать на метро	[éhatʲ na metró]
trem (m)	поезд (м)	[póezd]
estação (f) de trem	вокзал (м)	[vɔkzál]

78. Turismo

monumento (m)	памятник (м)	[pámɪtnik]
fortaleza (f)	крепость (ж)	[krépɔstʲ]
palácio (m)	дворец (м)	[dvɔréʦ]
castelo (m)	замок (м)	[zámɔk]
torre (f)	башня (ж)	[báʃnʲa]
mausoléu (m)	мавзолей (м)	[mavzɔléj]

arquitetura (f)	архитектура (ж)	[arhitektúra]
medieval (adj)	средневековый	[srednevekóvij]
antigo (adj)	старинный	[starínnij]
nacional (adj)	национальный	[natsionálʲnij]
famoso, conhecido (adj)	известный	[izvésnij]

turista (m)	турист (м)	[turíst]
guia (pessoa)	гид (м)	[gíd]
excursão (f)	экскурсия (ж)	[ɛkskúrsija]

| mostrar (vt) | показывать (нсв, пх) | [pokázivatʲ] |
| contar (vt) | рассказывать (нсв, пх) | [raskázivatʲ] |

encontrar (vt)	найти (св, пх)	[najtí]
perder-se (vr)	потеряться (св, возв)	[poterʲátsa]
mapa (~ do metrô)	схема (ж)	[sxéma]
mapa (~ da cidade)	план (м)	[plán]

lembrança (f), presente (m)	сувенир (м)	[suvenír]
loja (f) de presentes	магазин (м) сувениров	[magazín suvenírof]
tirar fotos, fotografar	фотографировать (нсв, пх)	[fotografírovatʲ]
fotografar-se (vr)	фотографироваться (нсв, возв)	[fotografírovatsa]

79. Compras

comprar (vt)	покупать (нсв, пх)	[pokupátʲ]
compra (f)	покупка (ж)	[pokúpka]
fazer compras	делать покупки	[délatʲ pokúpki]
compras (f pl)	шоппинг (м)	[ʃóping]

| estar aberta (loja) | работать (нсв, нпх) | [rabótatʲ] |
| estar fechada | закрыться (св, возв) | [zakrĩtsa] |

calçado (m)	обувь (ж)	[óbufʲ]
roupa (f)	одежда (ж)	[odéʒda]
cosméticos (m pl)	косметика (ж)	[kosmétika]
alimentos (m pl)	продукты (мн)	[prodúkti]
presente (m)	подарок (м)	[podárok]

| vendedor (m) | продавец (м) | [prodavéts] |
| vendedora (f) | продавщица (ж) | [prodafʃítsa] |

caixa (f)	касса (ж)	[kássa]
espelho (m)	зеркало (с)	[zérkalo]
balcão (m)	прилавок (м)	[prilávok]
provador (m)	примерочная (ж)	[primérotʃnaja]

provar (vt)	примерить (св, пх)	[priméritʲ]
servir (roupa, caber)	подходить (нсв, нпх)	[potxodítʲ]
gostar (apreciar)	нравиться (нсв, возв)	[nrávitsa]

preço (m)	цена (ж)	[tsɛná]
etiqueta (f) de preço	ценник (м)	[tsǽnnik]
custar (vt)	стоить (нсв, пх)	[stóitʲ]
Quanto?	Сколько?	[skólʲko?]
desconto (m)	скидка (ж)	[skítka]

não caro (adj)	недорогой	[nedorogój]
barato (adj)	дешёвый	[deʃóvij]
caro (adj)	дорогой	[dorogój]
É caro	Это дорого.	[ǽto dórogo]
aluguel (m)	прокат (м)	[prokát]
alugar (roupas, etc.)	взять напрокат	[vzʲátʲ naprokát]

| crédito (m) | кредит (м) | [kredít] |
| a crédito | в кредит | [f kredít] |

80. Dinheiro

dinheiro (m)	деньги (мн)	[dénⁱgi]
câmbio (m)	обмен (м)	[ɔbmén]
taxa (f) de câmbio	курс (м)	[kúrs]
caixa (m) eletrônico	банкомат (м)	[bankɔmát]
moeda (f)	монета (ж)	[mɔnéta]

| dólar (m) | доллар (м) | [dólar] |
| euro (m) | евро (с) | [évrɔ] |

lira (f)	лира (ж)	[líra]
marco (m)	марка (ж)	[márka]
franco (m)	франк (м)	[fránk]
libra (f) esterlina	фунт стерлингов (м)	[fúnt stérlingɔf]
iene (m)	йена (ж)	[jéna]

dívida (f)	долг (м)	[dólg]
devedor (m)	должник (м)	[dɔlʒník]
emprestar (vt)	дать в долг	[dátⁱ v dólg]
pedir emprestado	взять в долг	[vzⁱátⁱ v dólg]

banco (m)	банк (м)	[bánk]
conta (f)	счёт (м)	[ʃɵt]
depositar (vt)	положить (св, пх)	[pɔlɔʒītⁱ]
depositar na conta	положить на счёт	[pɔlɔʒītⁱ na ʃɵt]
sacar (vt)	снять со счёта	[snⁱátⁱ sɔ ʃɵta]

cartão (m) de crédito	кредитная карта (ж)	[kredítnaja kárta]
dinheiro (m) vivo	наличные деньги (мн)	[nalíʧnie dénⁱgi]
cheque (m)	чек (м)	[ʧék]
passar um cheque	выписать чек	[vīpisatⁱ ʧék]
talão (m) de cheques	чековая книжка (ж)	[ʧékɔvaja kníʃka]

carteira (f)	бумажник (м)	[bumáʒnik]
niqueleira (f)	кошелёк (м)	[kɔʃɛlɵk]
cofre (m)	сейф (м)	[séjf]

herdeiro (m)	наследник (м)	[naslédnik]
herança (f)	наследство (с)	[naslétstvɔ]
fortuna (riqueza)	состояние (с)	[sɔstɔjánie]

arrendamento (m)	аренда (ж)	[arénda]
aluguel (pagar o ~)	квартирная плата (ж)	[kvartírnaja pláta]
alugar (vt)	снимать (нсв, пх)	[snimátⁱ]

preço (m)	цена (ж)	[ʦɛná]
custo (m)	стоимость (ж)	[stóimostⁱ]
soma (f)	сумма (ж)	[súmma]
gastar (vt)	тратить (нсв, пх)	[trátitⁱ]
gastos (m pl)	расходы (мн)	[rasxódi]

| economizar (vi) | экономить (нсв, н/пх) | [ɛkɔnómitʲ] |
| econômico (adj) | экономный | [ɛkɔnómnij] |

pagar (vt)	платить (нсв, н/пх)	[platítʲ]
pagamento (m)	оплата (ж)	[ɔpláta]
troco (m)	сдача (ж)	[zdátʃa]

imposto (m)	налог (м)	[nalóg]
multa (f)	штраф (м)	[ʃtráf]
multar (vt)	штрафовать (нсв, пх)	[ʃtrafɔvátʲ]

81. Correios. Serviço postal

agência (f) dos correios	почта (ж)	[pótʃta]
correio (m)	почта (ж)	[pótʃta]
carteiro (m)	почтальон (м)	[pɔtʃtaljón]
horário (m)	часы (мн) работы	[tʃasɨ rabótʲi]

carta (f)	письмо (с)	[pisʲmó]
carta (f) registada	заказное письмо (с)	[zakaznóe pisʲmó]
cartão (m) postal	открытка (ж)	[ɔtkrɨ́tka]
telegrama (m)	телеграмма (ж)	[telegráma]
encomenda (f)	посылка (ж)	[pɔsɨ́lka]
transferência (f) de dinheiro	денежный перевод (м)	[déneʒnij perevód]

receber (vt)	получить (св, пх)	[pɔlutʃítʲ]
enviar (vt)	отправить (св, пх)	[ɔtprávitʲ]
envio (m)	отправка (ж)	[ɔtpráfka]

endereço (m)	адрес (м)	[ádres]
código (m) postal	индекс (м)	[índɛks]
remetente (m)	отправитель (м)	[ɔtpravítelʲ]
destinatário (m)	получатель (м)	[pɔlutʃátelʲ]

| nome (m) | имя (с) | [ímʲa] |
| sobrenome (m) | фамилия (ж) | [famílija] |

tarifa (f)	тариф (м)	[taríf]
ordinário (adj)	обычный	[ɔbɨ́tʃnij]
econômico (adj)	экономичный	[ɛkɔnɔmítʃnij]

peso (m)	вес (м)	[vés]
pesar (estabelecer o peso)	взвешивать (нсв, пх)	[vzvéʃivatʲ]
envelope (m)	конверт (м)	[kɔnvért]
selo (m) postal	марка (ж)	[márka]
colar o selo	наклеивать марку	[nakléivatʲ márku]

Moradia. Casa. Lar

casa (f)	дом (м)	[dóm]
em casa	дома	[dóma]
pátio (m), quintal (f)	двор (м)	[dvór]
cerca, grade (f)	ограда (ж)	[ɔgráda]
tijolo (m)	кирпич (м)	[kirpítʃ]
de tijolos	кирпичный	[kirpítʃnij]
pedra (f)	камень (м)	[kámenʲ]
de pedra	каменный	[kámennij]
concreto (m)	бетон (м)	[betón]
concreto (adj)	бетонный	[betónnij]
novo (adj)	новый	[nóvij]
velho (adj)	старый	[stárij]
decrépito (adj)	ветхий	[vétxij]
moderno (adj)	современный	[sɔvreménnij]
de vários andares	многоэтажный	[mnɔgɔ·ɛtáʒnij]
alto (adj)	высокий	[visókij]
andar (m)	этаж (м)	[ɛtáʃ]
de um andar	одноэтажный	[ɔdnɔ·ɛtáʒnij]
térreo (m)	нижний этаж (м)	[níʒnij ɛtáʃ]
andar (m) de cima	верхний этаж (м)	[vérhnij ɛtáʃ]
telhado (m)	крыша (ж)	[krȋʃa]
chaminé (f)	труба (ж)	[trubá]
telha (f)	черепица (ж)	[tʃerepítsa]
de telha	черепичный	[tʃerepítʃnij]
sótão (m)	чердак (м)	[tʃerdák]
janela (f)	окно (c)	[ɔknó]
vidro (m)	стекло (c)	[stekland́]
parapeito (m)	подоконник (м)	[pɔdɔkónik]
persianas (f pl)	ставни (ж мн)	[stávni]
parede (f)	стена (ж)	[stená]
varanda (f)	балкон (м)	[balkón]
calha (f)	водосточная труба (ж)	[vɔdɔstótʃnaja trubá]
em cima	наверху	[naverhú]
subir (vi)	подниматься (нсв, возв)	[pɔdnimátsa]
descer (vi)	спускаться (нсв, возв)	[spuskátsa]
mudar-se (vr)	переезжать (нсв, нпх)	[pereeʒʒátʲ]

83. Casa. Entrada. Elevador

entrada (f)	подъезд (м)	[pɔdjézd]
escada (f)	лестница (ж)	[lésnitsa]
degraus (m pl)	ступени (ж мн)	[stupéni]
corrimão (m)	перила (мн)	[períla]
hall (m) de entrada	холл (м)	[hól]
caixa (f) de correio	почтовый ящик (м)	[pɔtʃtóvij jáʃik]
lata (f) do lixo	мусорный бак (м)	[músɔrnij bák]
calha (f) de lixo	мусоропровод (м)	[musɔrɔ·prɔvód]
elevador (m)	лифт (м)	[líft]
elevador (m) de carga	грузовой лифт (м)	[gruzɔvój líft]
cabine (f)	кабина (ж)	[kabína]
pegar o elevador	ехать на лифте	[éhatʲ na lífte]
apartamento (m)	квартира (ж)	[kvartíra]
residentes (pl)	жильцы (мн)	[ʒilʲtsī]
vizinho (m)	сосед (м)	[sɔséd]
vizinha (f)	соседка (ж)	[sɔsétka]
vizinhos (pl)	соседи (мн)	[sɔsédi]

84. Casa. Portas. Fechaduras

porta (f)	дверь (ж)	[dvérʲ]
portão (m)	ворота (мн)	[vɔróta]
maçaneta (f)	ручка (ж)	[rútʃka]
destrancar (vt)	отпереть (св, н/пх)	[ɔtperétʲ]
abrir (vt)	открывать (нсв, пх)	[ɔtkrivátʲ]
fechar (vt)	закрывать (нсв, пх)	[zakrivátʲ]
chave (f)	ключ (м)	[klʲútʃ]
molho (m)	связка (ж)	[svʲáska]
ranger (vi)	скрипеть (нсв, нпх)	[skripétʲ]
rangido (m)	скрип (м)	[skríp]
dobradiça (f)	петля (ж)	[petlʲá]
capacho (m)	коврик (м)	[kóvrik]
fechadura (f)	замок (м)	[zámɔk]
buraco (m) da fechadura	замочная скважина (ж)	[zamótʃnaja skváʒina]
barra (f)	засов (м)	[zasóf]
fecho (ferrolho pequeno)	задвижка (ж)	[zadvíʃka]
cadeado (m)	навесной замок (м)	[navesnój zamók]
tocar (vt)	звонить (нсв, нпх)	[zvɔnítʲ]
toque (m)	звонок (м)	[zvɔnók]
campainha (f)	звонок (м)	[zvɔnók]
botão (m)	кнопка (ж)	[knópka]
batida (f)	стук (м)	[stúk]
bater (vi)	стучать (нсв, нпх)	[stutʃátʲ]
código (m)	код (м)	[kód]
fechadura (f) de código	кодовый замок (м)	[kódɔvij zamók]

interfone (m)	домофон (м)	[dɔmɔfón]
número (m)	номер (м)	[nómer]
placa (f) de porta	табличка (ж)	[tablítʃka]
olho (m) mágico	глазок (м)	[glazók]

85. Casa de campo

aldeia (f)	деревня (ж)	[derévnʲa]
horta (f)	огород (м)	[ɔgɔród]
cerca (f)	забор (м)	[zabór]
cerca (f) de piquete	изгородь (ж)	[ízgɔrɔtʲ]
portão (f) do jardim	калитка (ж)	[kalítka]
celeiro (m)	амбар (м)	[ambár]
adega (f)	погреб (м)	[pógreb]
galpão, barracão (m)	сарай (м)	[saráj]
poço (m)	колодец (м)	[kɔlódets]
fogão (m)	печь (ж)	[pétʃʲ]
atiçar o fogo	топить печь (нсв)	[tɔpítʲ pétʃʲ]
lenha (carvão ou ~)	дрова (ж)	[drɔvá]
acha, lenha (f)	полено (с)	[pɔlénɔ]
varanda (f)	веранда (ж)	[veránda]
alpendre (m)	терраса (ж)	[terása]
degraus (m pl) de entrada	крыльцо (с)	[krilʲtsó]
balanço (m)	качели (мн)	[katʃéli]

86. Castelo. Palácio

castelo (m)	замок (м)	[zámɔk]
palácio (m)	дворец (м)	[dvɔréts]
fortaleza (f)	крепость (ж)	[krépɔstʲ]
muralha (f)	стена (ж)	[stená]
torre (f)	башня (ж)	[báʃnʲa]
calabouço (m)	главная башня (ж)	[glávnaja báʃnʲa]
grade (f) levadiça	подъёмные ворота (мн)	[pɔdjómnie vɔróta]
passagem (f) subterrânea	подземный ход (м)	[pɔdzémnij hód]
fosso (m)	ров (м)	[róf]
corrente, cadeia (f)	цепь (ж)	[tsæpʲ]
seteira (f)	бойница (ж)	[bɔjnítsa]
magnífico (adj)	великолепный	[velikɔlépnij]
majestoso (adj)	величественный	[velítʃestvenij]
inexpugnável (adj)	неприступный	[nepristúpnij]
medieval (adj)	средневековый	[srednevekóvij]

87. Apartamento

apartamento (m)	квартира (ж)	[kvartíra]
quarto, cômodo (m)	комната (ж)	[kómnata]
quarto (m) de dormir	спальня (ж)	[spálʲnʲa]
sala (f) de jantar	столовая (ж)	[stɔlóvaja]
sala (f) de estar	гостиная (ж)	[gɔstínaja]
escritório (m)	кабинет (м)	[kabinét]
sala (f) de entrada	прихожая (ж)	[prihóʒaja]
banheiro (m)	ванная комната (ж)	[vánnaja kómnata]
lavabo (m)	туалет (м)	[tualét]
teto (m)	потолок (м)	[pɔtɔlók]
chão, piso (m)	пол (м)	[pól]
canto (m)	угол (м)	[úgɔl]

88. Apartamento. Limpeza

arrumar, limpar (vt)	убирать (нсв, пх)	[ubirátʲ]
guardar (no armário, etc.)	уносить (нсв, пх)	[unɔsítʲ]
pó (m)	пыль (ж)	[pɨlʲ]
empoeirado (adj)	пыльный	[pɨlʲnij]
tirar o pó	вытирать пыль	[vitirátʲ pɨlʲ]
aspirador (m)	пылесос (м)	[pɨlesós]
aspirar (vt)	пылесосить (нсв, н/пх)	[pɨlesósitʲ]
varrer (vt)	подметать (нсв, н/пх)	[pɔdmetátʲ]
sujeira (f)	мусор (м)	[músɔr]
arrumação, ordem (f)	порядок (м)	[pɔrʲádɔk]
desordem (f)	беспорядок (м)	[bespɔrʲádɔk]
esfregão (m)	швабра (ж)	[ʃvábra]
pano (m), trapo (m)	тряпка (ж)	[trʲápka]
vassoura (f)	веник (м)	[vénik]
pá (f) de lixo	совок (м) для мусора	[sɔvók dlʲa músɔra]

89. Mobiliário. Interior

mobiliário (m)	мебель (ж)	[mébelʲ]
mesa (f)	стол (м)	[stól]
cadeira (f)	стул (м)	[stúl]
cama (f)	кровать (ж)	[krɔvátʲ]
sofá, divã (m)	диван (м)	[diván]
poltrona (f)	кресло (с)	[kréslɔ]
estante (f)	книжный шкаф (м)	[kníʒnij ʃkáf]
prateleira (f)	полка (ж)	[pólka]
guarda-roupas (m)	гардероб (м)	[garderób]
cabide (m) de parede	вешалка (ж)	[véʃəlka]

cabideiro (m) de pé	вешалка (ж)	[véʃəlka]
cômoda (f)	комод (м)	[kɔmód]
mesinha (f) de centro	журнальный столик (м)	[ʒurnálʲnij stólik]

espelho (m)	зеркало (c)	[zérkalɔ]
tapete (m)	ковёр (м)	[kɔvǿr]
tapete (m) pequeno	коврик (м)	[kóvrik]

lareira (f)	камин (м)	[kamín]
vela (f)	свеча (ж)	[svetʃá]
castiçal (m)	подсвечник (м)	[pɔtsvétʃnik]

cortinas (f pl)	шторы (ж мн)	[ʃtóri]
papel (m) de parede	обои (мн)	[ɔbói]
persianas (f pl)	жалюзи (мн)	[ʒalʲuzí]

luminária (f) de mesa	настольная лампа (ж)	[nastólʲnaja lámpa]
luminária (f) de parede	светильник (м)	[svetílʲnik]
abajur (m) de pé	торшер (м)	[tɔrʃǽr]
lustre (m)	люстра (ж)	[lʲústra]

pé (de mesa, etc.)	ножка (ж)	[nóʃka]
braço, descanso (m)	подлокотник (м)	[pɔdlɔkótnik]
costas (f pl)	спинка (ж)	[spínka]
gaveta (f)	ящик (м)	[jáʃʲik]

90. Quarto de dormir

roupa (f) de cama	постельное бельё (c)	[pɔstélʲnɔe beljǿ]
travesseiro (m)	подушка (ж)	[pɔdúʃka]
fronha (f)	наволочка (ж)	[návɔlɔtʃka]
cobertor (m)	одеяло (c)	[ɔdejálɔ]
lençol (m)	простыня (ж)	[prɔstinʲá]
colcha (f)	покрывало (c)	[pɔkriválɔ]

91. Cozinha

cozinha (f)	кухня (ж)	[kúhnʲa]
gás (m)	газ (м)	[gás]
fogão (m) a gás	газовая плита (ж)	[gázɔvaja plitá]
fogão (m) elétrico	электроплита (ж)	[ɛléktrɔ·plitá]
forno (m)	духовка (ж)	[duhófka]
forno (m) de micro-ondas	микроволновая печь (ж)	[mikrɔ·vɔlnóvaja pétʃʲ]

geladeira (f)	холодильник (м)	[hɔlɔdílʲnik]
congelador (m)	морозильник (м)	[mɔrɔzílʲnik]
máquina (f) de lavar louça	посудомоечная машина (ж)	[pɔsúdɔ·móetʃnaja maʃína]

moedor (m) de carne	мясорубка (ж)	[mɪsɔrúpka]
espremedor (m)	соковыжималка (ж)	[sɔkɔ·viʒimálka]
torradeira (f)	тостер (м)	[tóstɛr]
batedeira (f)	миксер (м)	[míkser]

máquina (f) de café	кофеварка (ж)	[kɔfevárka]
cafeteira (f)	кофейник (м)	[kɔféjnik]
moedor (m) de café	кофемолка (ж)	[kɔfemólka]

chaleira (f)	чайник (м)	[t͡ʃájnik]
bule (m)	чайник (м)	[t͡ʃájnik]
tampa (f)	крышка (ж)	[krī̆ʃka]
coador (m) de chá	ситечко (c)	[sítet͡ʃkɔ]

colher (f)	ложка (ж)	[lóʃka]
colher (f) de chá	чайная ложка (ж)	[t͡ʃájnaja lóʃka]
colher (f) de sopa	столовая ложка (ж)	[stɔlóvaja lóʃka]
garfo (m)	вилка (ж)	[vílka]
faca (f)	нож (м)	[nóʃ]

louça (f)	посуда (ж)	[pɔsúda]
prato (m)	тарелка (ж)	[tarélka]
pires (m)	блюдце (c)	[bli̯útse]

cálice (m)	рюмка (ж)	[ri̯úmka]
copo (m)	стакан (м)	[stakán]
xícara (f)	чашка (ж)	[t͡ʃáʃka]

açucareiro (m)	сахарница (ж)	[sáharnit͡sa]
saleiro (m)	солонка (ж)	[sɔlónka]
pimenteiro (m)	перечница (ж)	[péret͡ʃnit͡sa]
manteigueira (f)	маслёнка (ж)	[maslǿnka]

panela (f)	кастрюля (ж)	[kastri̯úli̯a]
frigideira (f)	сковородка (ж)	[skɔvɔrótka]
concha (f)	половник (м)	[pɔlóvnik]
coador (m)	дуршлаг (м)	[durʃlág]
bandeja (f)	поднос (м)	[pɔdnós]

garrafa (f)	бутылка (ж)	[butī̆lka]
pote (m) de vidro	банка (ж)	[bánka]
lata (~ de cerveja)	банка (ж)	[bánka]

abridor (m) de garrafa	открывалка (ж)	[ɔtkriválka]
abridor (m) de latas	открывалка (ж)	[ɔtkriválka]
saca-rolhas (m)	штопор (м)	[ʃtópɔr]
filtro (m)	фильтр (м)	[fíli̯tr]
filtrar (vt)	фильтровать (нсв, пх)	[fili̯trɔváti̯]

lixo (m)	мусор (м)	[músɔr]
lixeira (f)	мусорное ведро (c)	[músɔrnɔe vedró]

92. Casa de banho

banheiro (m)	ванная комната (ж)	[vánnaja kómnata]
água (f)	вода (ж)	[vɔdá]
torneira (f)	кран (м)	[krán]
água (f) quente	горячая вода (ж)	[gɔri̯át͡ʃaja vɔdá]
água (f) fria	холодная вода (ж)	[hɔlódnaja vɔdá]

pasta (f) de dente	зубная паста (ж)	[zubnája pásta]
escovar os dentes	чистить зубы	[t͡ʃístit͡ʲ zúbi]
escova (f) de dente	зубная щётка (ж)	[zubnája ʃǿtka]

barbear-se (vr)	бриться (нсв, возв)	[brít͡sa]
espuma (f) de barbear	пена (ж) для бритья	[péna dlʲa britjá]
gilete (f)	бритва (ж)	[brítva]

lavar (vt)	мыть (нсв, пх)	[mɨ̄tʲ]
tomar banho	мыться (нсв, возв)	[mɨ̄t͡sa]
chuveiro (m), ducha (f)	душ (м)	[dúʃ]
tomar uma ducha	принимать душ	[prinimátʲ dúʃ]

banheira (f)	ванна (ж)	[vánna]
vaso (m) sanitário	унитаз (м)	[unitás]
pia (f)	раковина (ж)	[rákɔvina]

| sabonete (m) | мыло (с) | [mɨ̄lɔ] |
| saboneteira (f) | мыльница (ж) | [mɨ̄lʲnit͡sa] |

esponja (f)	губка (ж)	[gúpka]
xampu (m)	шампунь (м)	[ʃampúnʲ]
toalha (f)	полотенце (с)	[pɔlɔtént͡se]
roupão (m) de banho	халат (м)	[halát]

lavagem (f)	стирка (ж)	[stírka]
lavadora (f) de roupas	стиральная машина (ж)	[stirálʲnaja maʃīna]
lavar a roupa	стирать бельё	[stirátʲ beljǿ]
detergente (m)	стиральный порошок (м)	[stirálʲnij pɔrɔʃók]

93. Eletrodomésticos

televisor (m)	телевизор (м)	[televízɔr]
gravador (m)	магнитофон (м)	[magnitɔfón]
videogravador (m)	видеомагнитофон (м)	[vídeɔ·magnitɔfón]
rádio (m)	приёмник (м)	[prijómnik]
leitor (m)	плеер (м)	[plǽjer]

projetor (m)	видеопроектор (м)	[vídeɔ·prɔǽktɔr]
cinema (m) em casa	домашний кинотеатр (м)	[dɔmáʃnij kinɔteátr]
DVD Player (m)	DVD проигрыватель (м)	[di·vi·dí prɔígrivatelʲ]
amplificador (m)	усилитель (м)	[usílítelʲ]
console (f) de jogos	игровая приставка (ж)	[igrɔvája pristáfka]

câmera (f) de vídeo	видеокамера (ж)	[vídeɔ·kámera]
máquina (f) fotográfica	фотоаппарат (м)	[fɔtɔ·aparát]
câmera (f) digital	цифровой фотоаппарат (м)	[t͡sifrɔvój fɔtɔaparát]

aspirador (m)	пылесос (м)	[pilesós]
ferro (m) de passar	утюг (м)	[utʲúg]
tábua (f) de passar	гладильная доска (ж)	[gladílʲnaja dɔská]
telefone (m)	телефон (м)	[telefón]
celular (m)	мобильный телефон (м)	[mɔbílʲnij telefón]

máquina (f) de costura	швейная машинка (ж)	[ʃvejnaja maʃínka]
microfone (m)	микрофон (м)	[mikrɔfón]
fone (m) de ouvido	наушники (м мн)	[naúʃniki]
controle remoto (m)	пульт (м)	[púlʲt]
CD (m)	компакт-диск (м)	[kɔmpákt-dísk]
fita (f) cassete	кассета (ж)	[kaséta]
disco (m) de vinil	пластинка (ж)	[plastínka]

94. Reparações. Renovação

renovação (f)	ремонт (м)	[remónt]
renovar (vt), fazer obras	делать ремонт	[délatʲ remónt]
reparar (vt)	ремонтировать (нсв, пх)	[remɔntírɔvatʲ]
consertar (vt)	приводить в порядок	[privɔdítʲ f pɔrʲádɔk]
refazer (vt)	переделывать (нсв, пх)	[peredélivatʲ]
tinta (f)	краска (ж)	[kráska]
pintar (vt)	красить (нсв, пх)	[krásitʲ]
pintor (m)	маляр (м)	[malʲár]
pincel (m)	кисть (ж)	[kístʲ]
cal (f)	побелка (ж)	[pɔbélka]
caiar (vt)	белить (нсв, пх)	[belítʲ]
papel (m) de parede	обои (мн)	[ɔbói]
colocar papel de parede	оклеить обоями	[ɔkléitʲ ɔbójɪmi]
verniz (m)	лак (м)	[lák]
envernizar (vt)	покрывать лаком	[pɔkrɨvátʲ lákɔm]

95. Canalizações

água (f)	вода (ж)	[vɔdá]
água (f) quente	горячая вода (ж)	[gɔrʲátʃaja vɔdá]
água (f) fria	холодная вода (ж)	[hɔlódnaja vɔdá]
torneira (f)	кран (м)	[krán]
gota (f)	капля (ж)	[káplʲa]
gotejar (vi)	капать (нсв, нпх)	[kápatʲ]
vazar (vt)	течь (нсв, нпх)	[tétʃʲ]
vazamento (m)	течь (ж)	[tétʃʲ]
poça (f)	лужа (ж)	[lúʒa]
tubo (m)	труба (ж)	[trubá]
válvula (f)	вентиль (м)	[véntilʲ]
entupir-se (vr)	засориться (св, возв)	[zasɔrítsa]
ferramentas (f pl)	инструменты (м мн)	[instruménti]
chave (f) inglesa	разводной ключ (м)	[razvɔdnój klʲútʃ]
desenroscar (vt)	открутить (св, пх)	[ɔtkrutítʲ]
enroscar (vt)	закрутить (св, пх)	[zakrutítʲ]
desentupir (vt)	прочищать (нсв, пх)	[prɔtʃiʃátʲ]

encanador (m)	сантехник (м)	[santéhnik]
porão (m)	подвал (м)	[pɔdvál]
rede (f) de esgotos	канализация (ж)	[kanalizátsija]

96. Fogo. Deflagração

incêndio (m)	пожар (м)	[pɔʒár]
chama (f)	пламя (ж)	[plámʲa]
faísca (f)	искра (ж)	[ískra]
fumaça (f)	дым (м)	[dɨm]
tocha (f)	факел (м)	[fákel]
fogueira (f)	костёр (м)	[kɔstǿr]

gasolina (f)	бензин (м)	[benzín]
querosene (m)	керосин (м)	[kerɔsín]
inflamável (adj)	горючий	[gɔrʲútʃij]
explosivo (adj)	взрывоопасный	[vzrivɔ·ɔpásnij]
PROIBIDO FUMAR!	НЕ КУРИТЬ!	[ne kurítʲ]

segurança (f)	безопасность (ж)	[bezɔpásnostʲ]
perigo (m)	опасность (ж)	[ɔpásnostʲ]
perigoso (adj)	опасный	[ɔpásnij]

incendiar-se (vr)	загореться (св, возв)	[zagɔrétsa]
explosão (f)	взрыв (м)	[vzrɨf]
incendiar (vt)	поджечь (св, пх)	[pɔdʒǽtʃʲ]
incendiário (m)	поджигатель (м)	[pɔdʒigátelʲ]
incêndio (m) criminoso	поджог (м)	[pɔdʒóg]

flamejar (vi)	пылать (нсв, нпх)	[pɨlátʲ]
queimar (vi)	гореть (нсв, нпх)	[gɔrétʲ]
queimar tudo (vi)	сгореть (св, нпх)	[sgɔrétʲ]

chamar os bombeiros	вызвать пожарных	[vɨzvatʲ pɔʒárnih]
bombeiro (m)	пожарный (м)	[pɔʒárnij]
caminhão (m) de bombeiros	пожарная машина (ж)	[pɔʒárnaja maʃína]
corpo (m) de bombeiros	пожарная команда (ж)	[pɔʒárnaja kɔmánda]
escada (f) extensível	пожарная лестница (ж)	[pɔʒárnaja lésnitsa]

mangueira (f)	шланг (м)	[ʃláng]
extintor (m)	огнетушитель (м)	[ɔgnetuʃítelʲ]
capacete (m)	каска (ж)	[káska]
sirene (f)	сирена (ж)	[siréna]

gritar (vi)	кричать (нсв, нпх)	[kritʃátʲ]
chamar por socorro	звать на помощь	[zvátʲ na pómɔʃʲ]
socorrista (m)	спасатель (м)	[spasátelʲ]
salvar, resgatar (vt)	спасать (нсв, пх)	[spasátʲ]

chegar (vi)	приехать (св, нпх)	[priéhatʲ]
apagar (vt)	тушить (нсв, пх)	[tuʃítʲ]
água (f)	вода (ж)	[vɔdá]
areia (f)	песок (м)	[pesók]
ruínas (f pl)	руины (мн)	[ruíni]

ruir (vi)	рухнуть (св, нпх)	[rúhnutʲ]
desmoronar (vi)	обвалиться (св, возв)	[ɔbvalítsa]
desabar (vi)	обрушиться (св, возв)	[ɔbrúʃitsa]

| fragmento (m) | обломок (м) | [ɔblómɔk] |
| cinza (f) | пепел (м) | [pépel] |

| sufocar (vi) | задохнуться (св, возв) | [zadɔhnútsa] |
| perecer (vi) | погибнуть (св, нпх) | [pɔgíbnutʲ] |

ATIVIDADES HUMANAS

Emprego. Negócios. Parte 1

97. Banca

banco (m)	банк (м)	[bánk]
balcão (f)	отделение (c)	[ɔtdelénie]
consultor (m) bancário	консультант (м)	[kɔnsulʲtánt]
gerente (m)	управляющий (м)	[upravlʲájuʃij]
conta (f)	счёт (м)	[ʃɵt]
número (m) da conta	номер (м) счёта	[nómer ʃɵta]
conta (f) corrente	текущий счёт (м)	[tekúʃij ʃɵt]
conta (f) poupança	накопительный счёт (м)	[nakɔpítelʲnij ʃɵt]
abrir uma conta	открыть счёт	[ɔtkrɨ́tʲ ʃɵt]
fechar uma conta	закрыть счёт	[zakrɨ́tʲ ʃɵt]
depositar na conta	положить на счёт	[pɔlɔʒɨ́tʲ na ʃɵt]
sacar (vt)	снять со счёта	[snʲátʲ sɔ ʃɵta]
depósito (m)	вклад (м)	[fklád]
fazer um depósito	сделать вклад	[zdélatʲ fklád]
transferência (f) bancária	перевод (м)	[perevód]
transferir (vt)	сделать перевод	[zdélatʲ perevód]
soma (f)	сумма (ж)	[súmma]
Quanto?	Сколько?	[skólʲkɔ?]
assinatura (f)	подпись (ж)	[pótpisʲ]
assinar (vt)	подписать (св, пх)	[pɔtpisátʲ]
cartão (m) de crédito	кредитная карта (ж)	[kredítnaja kárta]
senha (f)	код (м)	[kód]
número (m) do cartão de crédito	номер (м) кредитной карты	[nómer kredítnɔj kárti]
caixa (m) eletrônico	банкомат (м)	[bankɔmát]
cheque (m)	чек (м)	[ʧék]
passar um cheque	выписать чек	[vɨ́pisatʲ ʧék]
talão (m) de cheques	чековая книжка (ж)	[ʧékɔvaja kníʃka]
empréstimo (m)	кредит (м)	[kredít]
pedir um empréstimo	обращаться за кредитом	[ɔbraʃátsa za kredítom]
obter empréstimo	брать кредит	[brátʲ kredít]
dar um empréstimo	предоставлять кредит	[predɔstavlʲátʲ kredít]
garantia (f)	гарантия (ж)	[garántija]

98. Telefone. Conversação telefônica

telefone (m)	телефон (м)	[telefón]
celular (m)	мобильный телефон (м)	[mɔbílʲnij telefón]
secretária (f) eletrônica	автоответчик (м)	[áftɔ·ɔtvéttʃik]

| fazer uma chamada | звонить (нсв, н/пх) | [zvɔnítʲ] |
| chamada (f) | звонок (м) | [zvɔnók] |

discar um número	набрать номер	[nabrátʲ nómer]
Alô!	Алло!	[alǿ]
perguntar (vt)	спросить (св, пх)	[sprɔsítʲ]
responder (vt)	ответить (св, пх)	[ɔtvétitʲ]

ouvir (vt)	слышать (нсв, пх)	[slīʃatʲ]
bem	хорошо	[hɔrɔʃó]
mal	плохо	[plóhɔ]
ruído (m)	помехи (ж мн)	[pɔméhi]

fone (m)	трубка (ж)	[trúpka]
pegar o telefone	снять трубку	[snʲátʲ trúpku]
desligar (vi)	положить трубку	[pɔlɔʒītʲ trúpku]

ocupado (adj)	занятый	[zánɪtij]
tocar (vi)	звонить (нсв, нпх)	[zvɔnítʲ]
lista (f) telefônica	телефонная книга (ж)	[telefónnaja kníga]

local (adj)	местный	[mésnij]
chamada (f) local	местный звонок (м)	[mésnij zvɔnók]
de longa distância	междугородний	[meʒdugɔródnij]
chamada (f) de longa distância	междугородний звонок (м)	[meʒdugɔródnij zvɔnók]
internacional (adj)	международный	[meʒdunaródnij]
chamada (f) internacional	международный звонок	[meʒdunaródnij zvɔnók]

99. Telefone móvel

celular (m)	мобильный телефон (м)	[mɔbílʲnij telefón]
tela (f)	дисплей (м)	[displǽj]
botão (m)	кнопка (ж)	[knópka]
cartão SIM (m)	SIM-карта (ж)	[sim-kárta]

bateria (f)	батарея (ж)	[bataréja]
descarregar-se (vr)	разрядиться (св, возв)	[razrɪdítsa]
carregador (m)	зарядное устройство (c)	[zarʲádnɔe ustrójstvɔ]

menu (m)	меню (c)	[menʲú]
configurações (f pl)	настройки (ж мн)	[nastrójki]
melodia (f)	мелодия (ж)	[melódija]
escolher (vt)	выбрать (св, пх)	[vībratʲ]

| calculadora (f) | калькулятор (м) | [kalʲkulʲátɔr] |
| correio (m) de voz | голосовая почта (ж) | [gɔlɔsɔvája pótʃta] |

| despertador (m) | будильник (м) | [budíĺnik] |
| contatos (m pl) | телефонная книга (ж) | [telefónnaja kníga] |

| mensagem (f) de texto | SMS-сообщение (c) | [ɛs·ɛm·æs-sɔɔpʃénie] |
| assinante (m) | абонент (м) | [abɔnént] |

100. Estacionário

| caneta (f) | шариковая ручка (ж) | [ʃárikɔvaja rútʃka] |
| caneta (f) tinteiro | перьевая ручка (ж) | [perjevája rútʃka] |

lápis (m)	карандаш (м)	[karandáʃ]
marcador (m) de texto	маркер (м)	[márker]
caneta (f) hidrográfica	фломастер (м)	[flɔmáster]

| bloco (m) de notas | блокнот (м) | [blɔknót] |
| agenda (f) | ежедневник (м) | [eʒednévnik] |

régua (f)	линейка (ж)	[linéjka]
calculadora (f)	калькулятор (м)	[kalĺkulĺátɔr]
borracha (f)	ластик (м)	[lástik]
alfinete (m)	кнопка (ж)	[knópka]
clipe (m)	скрепка (ж)	[skrépka]

cola (f)	клей (м)	[kléj]
grampeador (m)	степлер (м)	[stǽpler]
furador (m) de papel	дырокол (м)	[dɨrɔkól]
apontador (m)	точилка (ж)	[tɔtʃílka]

Emprego. Negócios. Parte 2

101. Media

jornal (m)	газета (ж)	[gazéta]
revista (f)	журнал (м)	[ʒurnál]
imprensa (f)	пресса (ж)	[présa]
rádio (m)	радио (c)	[rádiɔ]
estação (f) de rádio	радиостанция (ж)	[radiɔ·stántsija]
televisão (f)	телевидение (c)	[televídenje]

apresentador (m)	ведущий (м)	[vedúʃij]
locutor (m)	диктор (м)	[díktɔr]
comentarista (m)	комментатор (м)	[kɔmentátɔr]

jornalista (m)	журналист (м)	[ʒurnalíst]
correspondente (m)	корреспондент (м)	[kɔrespondént]
repórter (m) fotográfico	фотокорреспондент (м)	[foto·kɔrespondént]
repórter (m)	репортёр (м)	[repɔrtǿr]

redator (m)	редактор (м)	[redáktɔr]
redator-chefe (m)	главный редактор (м)	[glávnij redáktɔr]

assinar a ...	подписаться (св, возв)	[pɔtpisátsa]
assinatura (f)	подписка (ж)	[pɔtpíska]
assinante (m)	подписчик (м)	[pɔtpíʃik]
ler (vt)	читать (нсв, н/пх)	[ʧitátʲ]
leitor (m)	читатель (м)	[ʧitátelʲ]

tiragem (f)	тираж (м)	[tiráʃ]
mensal (adj)	ежемесячный	[eʒemésɪʧnij]
semanal (adj)	еженедельный	[eʒenedélʲnij]
número (jornal, revista)	номер (м)	[nómer]
recente, novo (adj)	свежий	[svéʒij]

manchete (f)	заголовок (м)	[zagɔlóvɔk]
pequeno artigo (m)	заметка (ж)	[zamétka]
coluna (~ semanal)	рубрика (ж)	[rúbrika]
artigo (m)	статья (ж)	[statjá]
página (f)	страница (ж)	[stranítsa]

reportagem (f)	репортаж (м)	[repɔrtáʃ]
evento (festa, etc.)	событие (c)	[sɔbῖtie]
sensação (f)	сенсация (ж)	[sensátsija]
escândalo (m)	скандал (м)	[skandál]
escandaloso (adj)	скандальный	[skandálʲnij]
grande (adj)	громкий	[grómkij]

programa (m)	передача (ж)	[peredáʧa]
entrevista (f)	интервью (c)	[intɛrvjú]

| transmissão (f) ao vivo | прямая трансляция (ж) | [prɪmája translʲátsija] |
| canal (m) | канал (м) | [kanál] |

102. Agricultura

agricultura (f)	сельское хозяйство (c)	[sélʲskɔe hɔzʲájstvɔ]
camponês (m)	крестьянин (м)	[krestjánin]
camponesa (f)	крестьянка (ж)	[krestjánka]
agricultor, fazendeiro (m)	фермер (м)	[férmer]

| trator (m) | трактор (м) | [tráktɔr] |
| colheitadeira (f) | комбайн (м) | [kɔmbájn] |

arado (m)	плуг (м)	[plúg]
arar (vt)	пахать (нсв, н/пх)	[pahátʲ]
campo (m) lavrado	пашня (ж)	[páʃnʲa]
sulco (m)	борозда (ж)	[bɔrɔzdá]

semear (vt)	сеять (нсв, пх)	[séjatʲ]
plantadeira (f)	сеялка (ж)	[séjalka]
semeadura (f)	посев (м)	[pɔséf]

| foice (m) | коса (ж) | [kɔsá] |
| cortar com foice | косить (нсв, н/пх) | [kɔsítʲ] |

| pá (f) | лопата (ж) | [lɔpáta] |
| cavar (vt) | копать (нсв, пх) | [kɔpátʲ] |

enxada (f)	тяпка (ж)	[tʲápka]
capinar (vt)	полоть (нсв, пх)	[pɔlótʲ]
erva (f) daninha	сорняк (м)	[sɔrnʲák]

regador (m)	лейка (ж)	[léjka]
regar (plantas)	поливать (нсв, пх)	[pɔlivátʲ]
rega (f)	полив (м)	[pɔlíf]

| forquilha (f) | вилы (мн) | [vílɪ] |
| ancinho (m) | грабли (мн) | [grábli] |

fertilizante (m)	удобрение (c)	[udɔbrénie]
fertilizar (vt)	удобрять (нсв, пх)	[udɔbrʲátʲ]
estrume, esterco (m)	навоз (м)	[navós]

campo (m)	поле (c)	[póle]
prado (m)	луг (м)	[lúg]
horta (f)	огород (м)	[ɔgɔród]
pomar (m)	сад (м)	[sád]

pastar (vt)	пасти (нсв, пх)	[pastí]
pastor (m)	пастух (м)	[pastúh]
pastagem (f)	пастбище (c)	[pázbiʃe]

| pecuária (f) | животноводство (c) | [ʒivɔtnɔvótstvɔ] |
| criação (f) de ovelhas | овцеводство (c) | [ɔftsɛvótstvɔ] |

plantação (f)	плантация (ж)	[plantátsija]
canteiro (m)	грядка (ж)	[grʲátka]
estufa (f)	парник (м)	[parník]

| seca (f) | засуха (ж) | [zásuha] |
| seco (verão ~) | засушливый | [zasúʃlivɨj] |

grão (m)	зерно (с)	[zernó]
cereais (m pl)	зерновые (мн)	[zernɔvɨje]
colher (vt)	убирать (нсв, пх)	[ubirátʲ]

moleiro (m)	мельник (м)	[mélʲnik]
moinho (m)	мельница (ж)	[mélʲnitsa]
moer (vt)	молоть (нсв, пх)	[mɔlótʲ]
farinha (f)	мука (ж)	[muká]
palha (f)	солома (ж)	[sɔlóma]

103. Construção. Processo de construção

canteiro (m) de obras	стройка (ж)	[strójka]
construir (vt)	строить (нсв, пх)	[stróitʲ]
construtor (m)	строитель (м)	[strɔítelʲ]

projeto (m)	проект (м)	[prɔǽkt]
arquiteto (m)	архитектор (м)	[arhitéktɔr]
operário (m)	рабочий (м)	[rabótʃij]

fundação (f)	фундамент (м)	[fundáment]
telhado (m)	крыша (ж)	[krɨ́ʃa]
estaca (f)	свая (ж)	[svája]
parede (f)	стена (ж)	[stená]

| colunas (f pl) de sustentação | арматура (ж) | [armatúra] |
| andaime (m) | строительные леса (мн) | [strɔítelʲnɨe lesá] |

concreto (m)	бетон (м)	[betón]
granito (m)	гранит (м)	[granít]
pedra (f)	камень (м)	[kámenʲ]
tijolo (m)	кирпич (м)	[kirpítʃ]

areia (f)	песок (м)	[pesók]
cimento (m)	цемент (м)	[tsɛmént]
emboço, reboco (m)	штукатурка (ж)	[ʃtukatúrka]
emboçar, rebocar (vt)	штукатурить (нсв, пх)	[ʃtukatúritʲ]

tinta (f)	краска (ж)	[kráska]
pintar (vt)	красить (нсв, пх)	[krásitʲ]
barril (m)	бочка (ж)	[bótʃka]

grua (f), guindaste (m)	кран (м)	[krán]
erguer (vt)	поднимать (нсв, пх)	[pɔdnimátʲ]
baixar (vt)	опускать (нсв, пх)	[ɔpuskátʲ]
buldózer (m)	бульдозер (м)	[bulʲdózer]
escavadora (f)	экскаватор (м)	[ɛkskavátɔr]

caçamba (f)	ковш (м)	[kóvʃ]
escavar (vt)	копать (нсв, пх)	[kɔpátʲ]
capacete (m) de proteção	каска (ж)	[káska]

Profissões e ocupações

trabalho (m)	работа (ж)	[rabóta]
equipe (f)	сотрудники (мн)	[sɔtrúdniki]
pessoal (m)	персонал (м)	[persɔnál]
carreira (f)	карьера (ж)	[karjéra]
perspectivas (f pl)	перспектива (ж)	[perspektíva]
habilidades (f pl)	мастерство (c)	[masterstvó]
seleção (f)	подбор (м)	[pɔdbór]
agência (f) de emprego	кадровое агентство (c)	[kádrɔvɔe agénstvɔ]
currículo (m)	резюме (c)	[rezʲumé]
entrevista (f) de emprego	собеседование (c)	[sɔbesédɔvanie]
vaga (f)	вакансия (ж)	[vakánsija]
salário (m)	зарплата (ж)	[zarpláta]
salário (m) fixo	оклад (м)	[ɔklád]
pagamento (m)	оплата (ж)	[ɔpláta]
cargo (m)	должность (ж)	[dólʒnɔstʲ]
dever (do empregado)	обязанность (ж)	[ɔbʲázanɔstʲ]
gama (f) de deveres	круг (м)	[krúg]
ocupado (adj)	занятой	[zanıtój]
despedir, demitir (vt)	уволить (св, пх)	[uvólitʲ]
demissão (f)	увольнение (c)	[uvɔlʲnénie]
desemprego (m)	безработица (ж)	[bezrabótiʦa]
desempregado (m)	безработный (м)	[bezrabótnij]
aposentadoria (f)	пенсия (ж)	[pénsija]
aposentar-se (vr)	уйти на пенсию	[ujtí na pénsiju]

diretor (m)	директор (м)	[diréktɔr]
gerente (m)	управляющий (м)	[upravlʲájuʃʲij]
patrão, chefe (m)	руководитель, шеф (м)	[rukɔvɔdítelʲ], [ʃǽf]
superior (m)	начальник (м)	[natʃálʲnik]
superiores (m pl)	начальство (c)	[natʃálʲstvɔ]
presidente (m)	президент (м)	[prezidént]
chairman (m)	председатель (м)	[pretsedátelʲ]
substituto (m)	заместитель (м)	[zamestítelʲ]
assistente (m)	помощник (м)	[pɔmóʃnik]

| secretário (m) | секретарь (м) | [sekretár'] |
| secretário (m) pessoal | личный секретарь (м) | [lítʃnij sekretár'] |

homem (m) de negócios	бизнесмен (м)	[biznɛsmén]
empreendedor (m)	предприниматель (м)	[pretprinimátel']
fundador (m)	основатель (м)	[ɔsnɔvátel']
fundar (vt)	основать (св, пх)	[ɔsnɔvát']

principiador (m)	учредитель (м)	[utʃredítel']
parceiro, sócio (m)	партнёр (м)	[partnǿr]
acionista (m)	акционер (м)	[aktsiɔnér]

milionário (m)	миллионер (м)	[miliɔnér]
bilionário (m)	миллиардер (м)	[miliardér]
proprietário (m)	владелец (м)	[vladélets]
proprietário (m) de terras	землевладелец (м)	[zemle·vladélets]

cliente (m)	клиент (м)	[kliént]
cliente (m) habitual	постоянный клиент (м)	[pɔstɔjánnij kliént]
comprador (m)	покупатель (м)	[pɔkupátel']
visitante (m)	посетитель (м)	[pɔsetítel']

profissional (m)	профессионал (м)	[prɔfesiɔnál]
perito (m)	эксперт (м)	[ɛkspért]
especialista (m)	специалист (м)	[spetsialíst]

| banqueiro (m) | банкир (м) | [bankír] |
| corretor (m) | брокер (м) | [bróker] |

caixa (m, f)	кассир (м)	[kassír]
contador (m)	бухгалтер (м)	[buhgálter]
guarda (m)	охранник (м)	[ɔhránnik]

investidor (m)	инвестор (м)	[invéstɔr]
devedor (m)	должник (м)	[dɔlʒník]
credor (m)	кредитор (м)	[kreditór]
mutuário (m)	заёмщик (м)	[zajómʃik]

| importador (m) | импортёр (м) | [impɔrtǿr] |
| exportador (m) | экспортёр (м) | [ɛkspɔrtǿr] |

produtor (m)	производитель (м)	[prɔizvɔdítel']
distribuidor (m)	дистрибьютор (м)	[distribjútɔr]
intermediário (m)	посредник (м)	[pɔsrédnik]

consultor (m)	консультант (м)	[kɔnsul'tánt]
representante comercial	представитель (м)	[pretstavítel']
agente (m)	агент (м)	[agént]
agente (m) de seguros	страховой агент (м)	[strahɔvój agént]

106. Profissões de serviços

| cozinheiro (m) | повар (м) | [póvar] |
| chefe (m) de cozinha | шеф-повар (м) | [ʃæf-póvar] |

padeiro (m)	пекарь (м)	[pékarʲ]
barman (m)	бармен (м)	[bármɛn]
garçom (m)	официант (м)	[ɔfitsiánt]
garçonete (f)	официантка (ж)	[ɔfitsiántka]

advogado (m)	адвокат (м)	[advɔkát]
jurista (m)	юрист (м)	[juríst]
notário (m)	нотариус (м)	[nɔtárius]

eletricista (m)	электрик (м)	[ɛléktrik]
encanador (m)	сантехник (м)	[santéhnik]
carpinteiro (m)	плотник (м)	[plótnik]

massagista (m)	массажист (м)	[masaʒɪ̄st]
massagista (f)	массажистка (ж)	[masaʒɪ̄stka]
médico (m)	врач (м)	[vrátʃ]

taxista (m)	таксист (м)	[taksíst]
condutor (automobilista)	шофёр (м)	[ʃɔfɔ́r]
entregador (m)	курьер (м)	[kurjér]

camareira (f)	горничная (ж)	[górnitʃnaja]
guarda (m)	охранник (м)	[ɔhránnik]
aeromoça (f)	стюардесса (ж)	[stʲuardǽsa]

professor (m)	учитель (м)	[utʃítelʲ]
bibliotecário (m)	библиотекарь (м)	[bibliɔtékarʲ]
tradutor (m)	переводчик (м)	[perevóttʃik]
intérprete (m)	переводчик (м)	[perevóttʃik]
guia (m)	гид (м)	[gíd]

cabeleireiro (m)	парикмахер (м)	[parikmáher]
carteiro (m)	почтальон (м)	[pɔtʃtaljón]
vendedor (m)	продавец (м)	[prɔdavéts]

jardineiro (m)	садовник (м)	[sadóvnik]
criado (m)	слуга (ж)	[slugá]
criada (f)	служанка (ж)	[sluʒánka]
empregada (f) de limpeza	уборщица (ж)	[ubórʃitsa]

107. Profissões militares e postos

soldado (m) raso	рядовой (м)	[rɪdɔvój]
sargento (m)	сержант (м)	[serʒánt]
tenente (m)	лейтенант (м)	[lejtenánt]
capitão (m)	капитан (м)	[kapitán]

major (m)	майор (м)	[majór]
coronel (m)	полковник (м)	[pɔlkóvnik]
general (m)	генерал (м)	[generál]
marechal (m)	маршал (м)	[márʃal]
almirante (m)	адмирал (м)	[admirál]
militar (m)	военный (м)	[vɔénnij]
soldado (m)	солдат (м)	[sɔldát]

| oficial (m) | официр (м) | [ɔfitsǽr] |
| comandante (m) | командир (м) | [kɔmandír] |

guarda (m) de fronteira	пограничник (м)	[pɔgranítʃnik]
operador (m) de rádio	радист (м)	[radíst]
explorador (m)	разведчик (м)	[razvéttʃik]
sapador-mineiro (m)	сапёр (м)	[sapǿr]
atirador (m)	стрелок (м)	[strelók]
navegador (m)	штурман (м)	[ʃtúrman]

108. Oficiais. Padres

| rei (m) | король (м) | [kɔrólʲ] |
| rainha (f) | королева (ж) | [kɔrɔléva] |

| príncipe (m) | принц (м) | [prínts] |
| princesa (f) | принцесса (ж) | [printsǽsa] |

| czar (m) | царь (м) | [tsárʲ] |
| czarina (f) | царица (ж) | [tsarítsa] |

presidente (m)	президент (м)	[prezidént]
ministro (m)	министр (м)	[minístr]
primeiro-ministro (m)	премьер-министр (м)	[premjér-minístr]
senador (m)	сенатор (м)	[senátɔr]

diplomata (m)	дипломат (м)	[diplɔmát]
cônsul (m)	консул (м)	[kónsul]
embaixador (m)	посол (м)	[pɔsól]
conselheiro (m)	советник (м)	[sɔvétnik]

funcionário (m)	чиновник (м)	[tʃinóvnik]
prefeito (m)	префект (м)	[prefékt]
Presidente (m) da Câmara	мэр (м)	[mǽr]

| juiz (m) | судья (ж) | [sudjá] |
| procurador (m) | прокурор (м) | [prɔkurór] |

missionário (m)	миссионер (м)	[misiɔnér]
monge (m)	монах (м)	[mɔnáh]
abade (m)	аббат (м)	[abát]
rabino (m)	раввин (м)	[ravín]

vizir (m)	визирь (м)	[vizírʲ]
xá (m)	шах (м)	[ʃáh]
xeique (m)	шейх (м)	[ʃǽjh]

109. Profissões agrícolas

abelheiro (m)	пчеловод (м)	[ptʃelɔvód]
pastor (m)	пастух (м)	[pastúh]
agrônomo (m)	агроном (м)	[agrɔnóm]

| criador (m) de gado | животновод (м) | [ʒɨvɔtnɔvód] |
| veterinário (m) | ветеринар (м) | [veterinár] |

agricultor, fazendeiro (m)	фермер (м)	[férmer]
vinicultor (m)	винодел (м)	[vinɔdél]
zoólogo (m)	зоолог (м)	[zɔólɔg]
vaqueiro (m)	ковбой (м)	[kɔvbój]

110. Profissões artísticas

| ator (m) | актёр (м) | [aktǿr] |
| atriz (f) | актриса (ж) | [aktrísa] |

| cantor (m) | певец (м) | [pevéts] |
| cantora (f) | певица (ж) | [pevítsa] |

| bailarino (m) | танцор (м) | [tantsór] |
| bailarina (f) | танцовщица (ж) | [tantsófʃitsa] |

| artista (m) | артист (м) | [artíst] |
| artista (f) | артистка (ж) | [artístka] |

músico (m)	музыкант (м)	[muzɨkánt]
pianista (m)	пианист (м)	[pianíst]
guitarrista (m)	гитарист (м)	[gitaríst]

maestro (m)	дирижёр (м)	[diriʒǿr]
compositor (m)	композитор (м)	[kɔmpɔzítɔr]
empresário (m)	импресарио (м)	[impresáriɔ]

diretor (m) de cinema	режиссёр (м)	[reʒisǿr]
produtor (m)	продюсер (м)	[prɔdʲúsɛr]
roteirista (m)	сценарист (м)	[stsɛnaríst]
crítico (m)	критик (м)	[krítik]

escritor (m)	писатель (м)	[pisátelʲ]
poeta (m)	поэт (м)	[pɔǽt]
escultor (m)	скульптор (м)	[skúlʲptɔr]
pintor (m)	художник (м)	[hudóʒnik]

malabarista (m)	жонглёр (м)	[ʒɔnglǿr]
palhaço (m)	клоун (м)	[klóun]
acrobata (m)	акробат (м)	[akrɔbát]
ilusionista (m)	фокусник (м)	[fókusnik]

111. Várias profissões

médico (m)	врач (м)	[vrátʃ]
enfermeira (f)	медсестра (ж)	[metsestrá]
psiquiatra (m)	психиатр (м)	[psihiátr]
dentista (m)	стоматолог (м)	[stɔmatólɔg]
cirurgião (m)	хирург (м)	[hirúrg]

astronauta (m)	астронавт (м)	[astrɔnávt]
astrônomo (m)	астроном (м)	[astrɔnóm]

motorista (m)	водитель (м)	[vɔdítelʲ]
maquinista (m)	машинист (м)	[maʃiníst]
mecânico (m)	механик (м)	[mehánik]

mineiro (m)	шахтёр (м)	[ʃahtǿr]
operário (m)	рабочий (м)	[rabótʃij]
serralheiro (m)	слесарь (м)	[slésarʲ]
marceneiro (m)	столяр (м)	[stɔlʲár]
torneiro (m)	токарь (м)	[tókarʲ]
construtor (m)	строитель (м)	[strɔítelʲ]
soldador (m)	сварщик (м)	[svárʃik]

professor (m)	профессор (м)	[prɔfésɔr]
arquiteto (m)	архитектор (м)	[arhitéktɔr]
historiador (m)	историк (м)	[istórik]
cientista (m)	учёный (м)	[utʃónij]
físico (m)	физик (м)	[fízik]
químico (m)	химик (м)	[hímik]

arqueólogo (m)	археолог (м)	[arheólɔg]
geólogo (m)	геолог (м)	[geólɔg]
pesquisador (cientista)	исследователь (м)	[islédɔvatelʲ]

babysitter, babá (f)	няня (ж)	[nʲánʲa]
professor (m)	учитель (м)	[utʃítelʲ]

redator (m)	редактор (м)	[redáktɔr]
redator-chefe (m)	главный редактор (м)	[glávnij redáktɔr]
correspondente (m)	корреспондент (м)	[kɔrespɔndént]
datilógrafa (f)	машинистка (ж)	[maʃinístka]

designer (m)	дизайнер (м)	[dizájner]
especialista (m) em informática	компьютерщик (м)	[kɔmpjúterʃik]
programador (m)	программист (м)	[prɔgramíst]
engenheiro (m)	инженер (м)	[inʒenér]

marujo (m)	моряк (м)	[mɔrʲák]
marinheiro (m)	матрос (м)	[matrós]
socorrista (m)	спасатель (м)	[spasátelʲ]

bombeiro (m)	пожарный (м)	[pɔʒárnij]
polícia (m)	полицейский (м)	[pɔlitsǽjskij]
guarda-noturno (m)	сторож (м)	[stórɔʃ]
detetive (m)	сыщик (м)	[sɪʃʲik]

funcionário (m) da alfândega	таможенник (м)	[tamóʒenik]
guarda-costas (m)	телохранитель (м)	[telɔhranítelʲ]
guarda (m) prisional	охранник (м)	[ɔhránnik]
inspetor (m)	инспектор (м)	[inspéktɔr]

esportista (m)	спортсмен (м)	[spɔrtsmén]
treinador (m)	тренер (м)	[tréner]

açougueiro (m)	мясник (м)	[mɪsník]
sapateiro (m)	сапожник (м)	[sapóʒnik]
comerciante (m)	коммерсант (м)	[komersánt]
carregador (m)	грузчик (м)	[grúʃik]

estilista (m)	модельер (м)	[modɛljér]
modelo (f)	модель (ж)	[modǽlʲ]

112. Ocupações. Estatuto social

estudante (~ de escola)	школьник (м)	[ʃkólʲnik]
estudante (~ universitária)	студент (м)	[studént]

filósofo (m)	философ (м)	[filósof]
economista (m)	экономист (м)	[ɛkonomíst]
inventor (m)	изобретатель (м)	[izobretátelʲ]

desempregado (m)	безработный (м)	[bezrabótnɪj]
aposentado (m)	пенсионер (м)	[pensionér]
espião (m)	шпион (м)	[ʃpión]

preso, prisioneiro (m)	заключённый (м)	[zaklʲutʃónnɪj]
grevista (m)	забастовщик (м)	[zabastófʃik]
burocrata (m)	бюрократ (м)	[bʲurokrát]
viajante (m)	путешественник (м)	[puteʃǽstvenik]

homossexual (m)	гомосексуалист (м)	[gomo·sɛksualíst]
hacker (m)	хакер (м)	[háker]
hippie (m, f)	хиппи (м)	[híppi]

bandido (m)	бандит (м)	[bandít]
assassino (m)	наёмный убийца (м)	[najómnɪj ubíjtsa]
drogado (m)	наркоман (м)	[narkomán]
traficante (m)	торговец (м) наркотиками	[torgóvets narkótikami]
prostituta (f)	проститутка (ж)	[prostitútka]
cafetão (m)	сутенёр (м)	[sutenǿr]

bruxo (m)	колдун (м)	[koldún]
bruxa (f)	колдунья (ж)	[koldúnja]
pirata (m)	пират (м)	[pirát]
escravo (m)	раб (м)	[ráb]
samurai (m)	самурай (м)	[samuráj]
selvagem (m)	дикарь (м)	[dikárʲ]

Desportos

esportista (m)	спортсмен (м)	[sportsmén]
tipo (m) de esporte	вид (м) спорта	[víd spórta]
basquete (m)	баскетбол (м)	[basketból]
jogador (m) de basquete	баскетболист (м)	[basketbolíst]
beisebol (m)	бейсбол (м)	[bejzból]
jogador (m) de beisebol	бейсболист (м)	[bejzbolíst]
futebol (m)	футбол (м)	[futból]
jogador (m) de futebol	футболист (м)	[futbolíst]
goleiro (m)	вратарь (м)	[vratárʲ]
hóquei (m)	хоккей (м)	[hɔkéj]
jogador (m) de hóquei	хоккеист (м)	[hɔkeíst]
vôlei (m)	волейбол (м)	[vɔlejból]
jogador (m) de vôlei	волейболист (м)	[vɔlejbolíst]
boxe (m)	бокс (м)	[bóks]
boxeador (m)	боксёр (м)	[bɔksǿr]
luta (f)	борьба (ж)	[borʲbá]
lutador (m)	борец (м)	[bɔréʦ]
caratê (m)	карате (с)	[karatǽ]
carateca (m)	каратист (м)	[karatíst]
judô (m)	дзюдо (с)	[dzʲudó]
judoca (m)	дзюдоист (м)	[dzʲudɔíst]
tênis (m)	теннис (м)	[tǽnis]
tenista (m)	теннисист (м)	[tɛnisíst]
natação (f)	плавание (с)	[plávanie]
nadador (m)	пловец (м)	[plɔvéʦ]
esgrima (f)	фехтование (с)	[fehtɔvánie]
esgrimista (m)	фехтовальщик (м)	[fehtɔválʲʃik]
xadrez (m)	шахматы (мн)	[ʃáhmatɨ]
jogador (m) de xadrez	шахматист (м)	[ʃahmatíst]
alpinismo (m)	альпинизм (м)	[alʲpinízm]
alpinista (m)	альпинист (м)	[alʲpiníst]
corrida (f)	бег (м)	[bég]

corredor (m)	бегун (м)	[begún]
atletismo (m)	лёгкая атлетика (ж)	[lǿhkaja atlétika]
atleta (m)	атлет (м)	[atlét]
hipismo (m)	конный спорт (м)	[kónnɨj spórt]
cavaleiro (m)	наездник (м)	[naéznik]
patinação (f) artística	фигурное катание (c)	[figúrnɔe katánie]
patinador (m)	фигурист (м)	[figuríst]
patinadora (f)	фигуристка (ж)	[figurístka]
halterofilismo (m)	тяжёлая атлетика (ж)	[tɨʒólaja atlétika]
halterofilista (m)	штангист (м)	[ʃtangíst]
corrida (f) de carros	автогонки (ж мн)	[aftɔ·gónki]
piloto (m)	гонщик (м)	[gónʃik]
ciclismo (m)	велоспорт (м)	[velɔspórt]
ciclista (m)	велосипедист (м)	[velɔsipedíst]
salto (m) em distância	прыжки (м мн) в длину	[priʃkí v dlinú]
salto (m) com vara	прыжки (м мн) с шестом	[priʃkí s ʃɛstóm]
atleta (m) de saltos	прыгун (м)	[prigún]

114. Tipos de desportos. Diversos

futebol (m) americano	американский футбол (м)	[amerikánskij futból]
badminton (m)	бадминтон (м)	[badmintón]
biatlo (m)	биатлон (м)	[biatlón]
bilhar (m)	бильярд (м)	[biljárd]
bobsled (m)	бобслей (м)	[bɔbsléj]
musculação (f)	бодибилдинг (м)	[bɔdibílding]
polo (m) aquático	водное поло (c)	[vódnɔe pólɔ]
handebol (m)	гандбол (м)	[ganból]
golfe (m)	гольф (м)	[gólʲf]
remo (m)	гребля (ж)	[gréblʲa]
mergulho (m)	дайвинг (м)	[dájving]
corrida (f) de esqui	лыжные гонки (ж мн)	[lɨʒnɨe gónki]
tênis (m) de mesa	настольный теннис (м)	[nastólʲnɨj tǽnis]
vela (f)	парусный спорт (м)	[párusnɨj spórt]
rali (m)	ралли (c)	[ráli]
rúgbi (m)	регби (c)	[rǽgbi]
snowboard (m)	сноуборд (м)	[snɔubórd]
arco-e-flecha (m)	стрельба (ж) из лука	[strelʲbá iz lúka]

115. Ginásio

barra (f)	штанга (ж)	[ʃtánga]
halteres (m pl)	гантели (ж мн)	[gantéli]

aparelho (m) de musculação	тренажёр (м)	[trenaʒór]
bicicleta (f) ergométrica	велотренажёр (м)	[velɔ·trenaʒór]
esteira (f) de corrida	беговая дорожка (ж)	[begɔvája dɔróʃka]
barra (f) fixa	перекладина (ж)	[perekládina]
barras (f pl) paralelas	брусья (мн)	[brúsja]
cavalo (m)	конь (м)	[kónʲ]
tapete (m) de ginástica	мат (м)	[mát]
corda (f) de saltar	скакалка (ж)	[skakálka]
aeróbica (f)	аэробика (ж)	[aɛróbika]
ioga, yoga (f)	йога (ж)	[jóga]

116. Desportos. Diversos

Jogos (m pl) Olímpicos	Олимпийские игры (ж мн)	[ɔlimpíjskie ígri]
vencedor (m)	победитель (м)	[pɔbedítelʲ]
vencer (vi)	побеждать (нсв, нпх)	[pɔbeʒdátʲ]
vencer (vi, vt)	выиграть (св, нпх)	[vīigratʲ]
líder (m)	лидер (м)	[líder]
liderar (vt)	лидировать (нсв, нпх)	[lidírɔvatʲ]
primeiro lugar (m)	первое место (с)	[pérvɔe méstɔ]
segundo lugar (m)	второе место (с)	[ftɔróe méstɔ]
terceiro lugar (m)	третье место (с)	[trétje méstɔ]
medalha (f)	медаль (ж)	[medálʲ]
troféu (m)	трофей (м)	[trɔféj]
taça (f)	кубок (м)	[kúbɔk]
prêmio (m)	приз (м)	[prís]
prêmio (m) principal	главный приз (м)	[glávnɨj prís]
recorde (m)	рекорд (м)	[rekórd]
estabelecer um recorde	ставить рекорд	[stávitʲ rekórd]
final (m)	финал (м)	[finál]
final (adj)	финальный	[finálʲnɨj]
campeão (m)	чемпион (м)	[ʧempión]
campeonato (m)	чемпионат (м)	[ʧempiɔnát]
estádio (m)	стадион (м)	[stadión]
arquibancadas (f pl)	трибуна (ж)	[tribúna]
fã, torcedor (m)	болельщик (м)	[bɔlélʲʃik]
adversário (m)	противник (м)	[prɔtívnik]
partida (f)	старт (м)	[stárt]
linha (f) de chegada	финиш (м)	[fíniʃ]
derrota (f)	поражение (с)	[pɔraʒǽnie]
perder (vt)	проиграть (св, нпх)	[prɔigrátʲ]
árbitro, juiz (m)	судья (ж)	[sudjá]
júri (m)	жюри (с)	[ʒurí]

resultado (m)	счёт (м)	[ʃót]
empate (m)	ничья (ж)	[nitʃjá]
empatar (vi)	сыграть вничью	[sigrátʲ vnitʃjú]
ponto (m)	очко (с)	[otʃkó]
resultado (m) final	результат (м)	[rezulʲtát]

intervalo (m)	перерыв (м)	[pererïf]
doping (m)	допинг (м)	[dóping]
penalizar (vt)	штрафовать (нсв, пх)	[ʃtrafovátʲ]
desqualificar (vt)	дисквалифицировать (нсв, пх)	[diskvalifitsïrovatʲ]

aparelho, aparato (m)	снаряд (м)	[snarʲád]
dardo (m)	копьё (с)	[kopjǿ]
peso (m)	ядро (с)	[jɪdró]
bola (f)	шар (м)	[ʃár]

alvo, objetivo (m)	цель (ж)	[tsǽlʲ]
alvo (~ de papel)	мишень (ж)	[miʃǽnʲ]
disparar, atirar (vi)	стрелять (нсв, нпх)	[strelʲátʲ]
preciso (tiro ~)	точный	[tótʃnij]

treinador (m)	тренер (м)	[tréner]
treinar (vt)	тренировать (нсв, пх)	[trenirovátʲ]
treinar-se (vr)	тренироваться (нсв, возв)	[trenirovátsa]
treino (m)	тренировка (ж)	[trenirófka]

academia (f) de ginástica	спортзал (м)	[sportzál]
exercício (m)	упражнение (с)	[upraʒnénie]
aquecimento (m)	разминка (ж)	[razmínka]

Educação

escola (f)	школа (ж)	[ʃkóla]
diretor (m) de escola	директор (м) школы	[diréktɔr ʃkóli]
aluno (m)	ученик (м)	[utʃeník]
aluna (f)	ученица (ж)	[utʃenítsa]
estudante (m)	школьник (м)	[ʃkólʲnik]
estudante (f)	школьница (ж)	[ʃkólʲnitsa]
ensinar (vt)	учить (нсв, пх)	[utʃítʲ]
aprender (vt)	учить (нсв, пх)	[utʃítʲ]
decorar (vt)	учить наизусть	[utʃítʲ naizústʲ]
estudar (vi)	учиться (нсв, возв)	[utʃítsa]
estar na escola	учиться (нсв, возв)	[utʃítsa]
ir à escola	идти в школу	[itʲtí f ʃkólu]
alfabeto (m)	алфавит (м)	[alfavít]
disciplina (f)	предмет (м)	[predmét]
sala (f) de aula	класс (м)	[klás]
lição, aula (f)	урок (м)	[urók]
recreio (m)	перемена (ж)	[pereména]
toque (m)	звонок (м)	[zvɔnók]
classe (f)	парта (ж)	[párta]
quadro (m) negro	доска (ж)	[dɔská]
nota (f)	отметка (ж)	[ɔtmétka]
boa nota (f)	хорошая отметка (ж)	[hɔróʃaja ɔtmétka]
nota (f) baixa	плохая отметка (ж)	[plɔhája ɔtmétka]
dar uma nota	ставить отметку	[stávitʲ ɔtmétku]
erro (m)	ошибка (ж)	[ɔʃípka]
errar (vi)	делать ошибки	[délatʲ ɔʃípki]
corrigir (~ um erro)	исправлять (нсв, пх)	[ispravlʲátʲ]
cola (f)	шпаргалка (ж)	[ʃpargálka]
dever (m) de casa	домашнее задание (с)	[dɔmáʃnee zadánie]
exercício (m)	упражнение (с)	[upraʒnénie]
estar presente	присутствовать (нсв, нпх)	[prisútstvɔvatʲ]
estar ausente	отсутствовать (нсв, нпх)	[ɔtsútstvɔvatʲ]
faltar às aulas	пропускать уроки	[prɔpuskátʲ uróki]
punir (vt)	наказывать (нсв, пх)	[nakázivatʲ]
punição (f)	наказание (с)	[nakazánie]
comportamento (m)	поведение (с)	[pɔvedénie]

boletim (m) escolar	дневник (м)	[dnevník]
lápis (m)	карандаш (м)	[karandáʃ]
borracha (f)	ластик (м)	[lástik]
giz (m)	мел (м)	[mél]
porta-lápis (m)	пенал (м)	[penál]

mala, pasta, mochila (f)	портфель (м)	[portfélʲ]
caneta (f)	ручка (ж)	[rútʃka]
caderno (m)	тетрадь (ж)	[tetrátʲ]
livro (m) didático	учебник (м)	[utʃébnik]
compasso (m)	циркуль (м)	[tsīrkulʲ]

traçar (vt)	чертить (нсв, пх)	[tʃertítʲ]
desenho (m) técnico	чертёж (м)	[tʃertǿʃ]

poesia (f)	стихотворение (c)	[stihotvorénie]
de cor	наизусть	[naizústʲ]
decorar (vt)	учить наизусть	[utʃítʲ naizústʲ]

férias (f pl)	каникулы (мн)	[kaníkulɨ]
estar de férias	быть на каникулах	[bītʲ na kaníkulah]
passar as férias	провести каникулы	[provestí kaníkulɨ]

teste (m), prova (f)	контрольная работа (ж)	[kontrólʲnaja rabóta]
redação (f)	сочинение (c)	[sotʃinénie]
ditado (m)	диктант (м)	[diktánt]
exame (m), prova (f)	экзамен (м)	[ɛkzámen]
fazer prova	сдавать экзамены	[zdavátʲ ɛkzámenɨ]
experiência (~ química)	опыт (м)	[ópɨt]

118. Colégio. Universidade

academia (f)	академия (ж)	[akadémija]
universidade (f)	университет (м)	[universitét]
faculdade (f)	факультет (м)	[fakulʲtét]

estudante (m)	студент (м)	[studént]
estudante (f)	студентка (ж)	[studéntka]
professor (m)	преподаватель (м)	[prepodavátelʲ]

auditório (m)	аудитория (ж)	[auditórija]
graduado (m)	выпускник (м)	[vɨpuskník]

diploma (m)	диплом (м)	[diplóm]
tese (f)	диссертация (ж)	[disertátsɨja]

estudo (obra)	исследование (c)	[islédovanie]
laboratório (m)	лаборатория (ж)	[laboratórija]

palestra (f)	лекция (ж)	[léktsija]
colega (m) de curso	однокурсник (м)	[odnokúrsnik]

bolsa (f) de estudos	стипендия (ж)	[stipéndija]
grau (m) acadêmico	учёная степень (ж)	[utʃǿnaja stépenʲ]

119. Ciências. Disciplinas

matemática (f)	математика (ж)	[matemátika]
álgebra (f)	алгебра (ж)	[álgebra]
geometria (f)	геометрия (ж)	[geɔmétrija]
astronomia (f)	астрономия (ж)	[astrɔnómija]
biologia (f)	биология (ж)	[biɔlógija]
geografia (f)	география (ж)	[geɔgráfija]
geologia (f)	геология (ж)	[geɔlógija]
história (f)	история (ж)	[istórija]
medicina (f)	медицина (ж)	[meditsīna]
pedagogia (f)	педагогика (ж)	[pedagógika]
direito (m)	право (с)	[právɔ]
física (f)	физика (ж)	[fízika]
química (f)	химия (ж)	[hímija]
filosofia (f)	философия (ж)	[filɔsófija]
psicologia (f)	психология (ж)	[psihɔlógija]

120. Sistema de escrita. Ortografia

gramática (f)	грамматика (ж)	[gramátika]
vocabulário (m)	лексика (ж)	[léksika]
fonética (f)	фонетика (ж)	[fɔnǽtika]
substantivo (m)	существительное (с)	[suʃestvítelʲnɔe]
adjetivo (m)	прилагательное (с)	[prilagátelʲnɔe]
verbo (m)	глагол (м)	[glagól]
advérbio (m)	наречие (с)	[narétʃie]
pronome (m)	местоимение (с)	[mestɔiménie]
interjeição (f)	междометие (с)	[meʒdɔmétie]
preposição (f)	предлог (м)	[predlóg]
raiz (f)	корень (м) слова	[kórenʲ slóva]
terminação (f)	окончание (с)	[ɔkɔntʃánie]
prefixo (m)	приставка (ж)	[pristáfka]
sílaba (f)	слог (м)	[slóg]
sufixo (m)	суффикс (м)	[súfiks]
acento (m)	ударение (с)	[udarénie]
apóstrofo (f)	апостроф (м)	[apóstrɔf]
ponto (m)	точка (ж)	[tótʃka]
vírgula (f)	запятая (ж)	[zapıtája]
ponto e vírgula (m)	точка (ж) с запятой	[tótʃka s zapıtój]
dois pontos (m pl)	двоеточие (с)	[dvɔetótʃie]
reticências (f pl)	многоточие (с)	[mnɔgɔtótʃie]
ponto (m) de interrogação	вопросительный знак (м)	[vɔprɔsítelʲnij znák]
ponto (m) de exclamação	восклицательный знак (м)	[vɔsklitsátelʲnij znák]

aspas (f pl)	кавычки (ж мн)	[kavĩʧki]
entre aspas	в кавычках	[f kavĩʧkah]
parênteses (m pl)	скобки (ж мн)	[skópki]
entre parênteses	в скобках	[f skópkah]

hífen (m)	дефис (м)	[defís]
travessão (m)	тире (c)	[tirǽ]
espaço (m)	пробел (м)	[prɔbél]

| letra (f) | буква (ж) | [búkva] |
| letra (f) maiúscula | большая буква (ж) | [bɔlʲʃája búkva] |

| vogal (f) | гласный звук (м) | [glásnɨj zvúk] |
| consoante (f) | согласный звук (м) | [sɔglásnɨj zvúk] |

frase (f)	предложение (c)	[predlɔʒǽnie]
sujeito (m)	подлежащее (c)	[pɔdleʒáʃʲee]
predicado (m)	сказуемое (c)	[skazúemɔe]

linha (f)	строка (ж)	[strɔká]
em uma nova linha	с новой строки	[s nóvɔj strɔkí]
parágrafo (m)	абзац (м)	[abzáts]

palavra (f)	слово (c)	[slóvɔ]
grupo (m) de palavras	словосочетание (c)	[slovɔ·sɔʧetánie]
expressão (f)	выражение (c)	[viraʒǽnie]
sinônimo (m)	синоним (м)	[sinónim]
antônimo (m)	антоним (м)	[antónim]

regra (f)	правило (c)	[právilɔ]
exceção (f)	исключение (c)	[isklʲuʧénie]
correto (adj)	верный	[vérnɨj]

conjugação (f)	спряжение (c)	[sprɨʒǽnie]
declinação (f)	склонение (c)	[sklɔnénie]
caso (m)	падеж (м)	[padéʃ]
pergunta (f)	вопрос (м)	[vɔprós]
sublinhar (vt)	подчеркнуть (св, пх)	[pɔʧʧerknútʲ]
linha (f) pontilhada	пунктир (м)	[punktír]

121. Línguas estrangeiras

língua (f)	язык (м)	[jɨzĩk]
estrangeiro (adj)	иностранный	[inɔstránnɨj]
língua (f) estrangeira	иностранный язык (м)	[inɔstránnɨj jɨzĩk]
estudar (vt)	изучать (нсв, пх)	[izuʧátʲ]
aprender (vt)	учить (нсв, пх)	[uʧítʲ]

ler (vt)	читать (нсв, н/пх)	[ʧitátʲ]
falar (vi)	говорить (нсв, н/пх)	[gɔvɔrítʲ]
entender (vt)	понимать (нсв, пх)	[pɔnimátʲ]
escrever (vt)	писать (нсв, пх)	[pisátʲ]
rapidamente	быстро	[bĩstrɔ]
devagar, lentamente	медленно	[médlenɔ]

fluentemente	свободно	[svɔbódnɔ]
regras (f pl)	правила (с мн)	[právila]
gramática (f)	грамматика (ж)	[gramátika]
vocabulário (m)	лексика (ж)	[léksika]
fonética (f)	фонетика (ж)	[fɔnǽtika]
livro (m) didático	учебник (м)	[utʃébnik]
dicionário (m)	словарь (м)	[slɔvárʲ]
manual (m) autodidático	самоучитель (м)	[samɔutʃítelʲ]
guia (m) de conversação	разговорник (м)	[razgɔvórnik]
fita (f) cassete	кассета (ж)	[kaséta]
videoteipe (m)	видеокассета (ж)	[vídeɔ·kaséta]
CD (m)	компакт-диск (м)	[kɔmpákt-dísk]
DVD (m)	DVD-диск (м)	[di·vi·dí dísk]
alfabeto (m)	алфавит (м)	[alfavít]
soletrar (vt)	говорить по буквам	[gɔvɔrítʲ pɔ búkvam]
pronúncia (f)	произношение (с)	[prɔiznɔʃǽnie]
sotaque (m)	акцент (м)	[aktsǽnt]
com sotaque	с акцентом	[s aktsǽntɔm]
sem sotaque	без акцента	[bez aktsǽnta]
palavra (f)	слово (с)	[slóvɔ]
sentido (m)	смысл (м)	[smīsl]
curso (m)	курсы (мн)	[kúrsɨ]
inscrever-se (vr)	записаться (св, возв)	[zapisátsa]
professor (m)	преподаватель (м)	[prepɔdavátelʲ]
tradução (processo)	перевод (м)	[perevód]
tradução (texto)	перевод (м)	[perevód]
tradutor (m)	переводчик (м)	[perevóttʃik]
intérprete (m)	переводчик (м)	[perevóttʃik]
poliglota (m)	полиглот (м)	[pɔliglót]
memória (f)	память (ж)	[pámɨtʲ]

122. Personagens de contos de fadas

Papai Noel (m)	Санта Клаус (м)	[sánta kláus]
Cinderela (f)	Золушка (ж)	[zóluʃka]
sereia (f)	русалка (ж)	[rusálka]
Netuno (m)	Нептун (м)	[neptún]
bruxo, feiticeiro (m)	волшебник (м)	[vɔlʃǽbnik]
fada (f)	волшебница (ж)	[vɔlʃǽbnitsa]
mágico (adj)	волшебный	[vɔlʃǽbnij]
varinha (f) mágica	волшебная палочка (ж)	[vɔlʃǽbnaja pálɔtʃka]
conto (m) de fadas	сказка (ж)	[skáska]
milagre (m)	чудо (с)	[tʃúdɔ]
anão (m)	гном (м)	[gnóm]

transformar-se em ...	превратиться в ... (св)	[prevratítsa f ...]
fantasma (m)	призрак (м)	[prízrak]
fantasma (m)	привидение (c)	[prividénie]
monstro (m)	чудовище (c)	[tʃudóviʃe]
dragão (m)	дракон (м)	[drakón]
gigante (m)	великан (м)	[velikán]

123. Signos do Zodíaco

Áries (f)	Овен (м)	[ɔven]
Touro (m)	Телец (м)	[teléts]
Gêmeos (m pl)	Близнецы (мн)	[bliznetsī]
Câncer (m)	Рак (м)	[rák]
Leão (m)	Лев (м)	[léf]
Virgem (f)	Дева (ж)	[déva]

Libra (f)	Весы (мн)	[vesī]
Escorpião (m)	Скорпион (м)	[skɔrpión]
Sagitário (m)	Стрелец (м)	[streléts]
Capricórnio (m)	Козерог (м)	[kɔzeróg]
Aquário (m)	Водолей (м)	[vɔdɔléj]
Peixes (pl)	Рыбы (мн)	[rībi]

caráter (m)	характер (м)	[harákter]
traços (m pl) do caráter	черты (ж мн) характера	[tʃertī haráktera]
comportamento (m)	поведение (c)	[pɔvedénie]
prever a sorte	гадать (нсв, нпх)	[gadátʲ]
adivinha (f)	гадалка (ж)	[gadálka]
horóscopo (m)	гороскоп (м)	[gɔrɔskóp]

Artes

teatro (m)	театр (м)	[teátr]
ópera (f)	опера (ж)	[ópera]
opereta (f)	оперетта (ж)	[ɔperétta]
balé (m)	балет (м)	[balét]

cartaz (m)	афиша (ж)	[afíʃa]
companhia (f) de teatro	труппа (ж)	[trúpa]
turnê (f)	гастроли (мн)	[gastróli]
estar em turnê	гастролировать (нсв, нпх)	[gastrɔlírɔvatʲ]
ensaiar (vt)	репетировать (нсв, н/пх)	[repetírɔvatʲ]
ensaio (m)	репетиция (ж)	[repetítsija]
repertório (m)	репертуар (м)	[repertuár]

apresentação (f)	представление (с)	[pretstavlénie]
espetáculo (m)	спектакль (м)	[spektáklʲ]
peça (f)	пьеса (ж)	[pjésa]

entrada (m)	билет (м)	[bilét]
bilheteira (f)	билетная касса (ж)	[bilétnaja kássa]
hall (m)	холл (м)	[hól]
vestiário (m)	гардероб (м)	[garderób]
senha (f) numerada	номерок (м)	[nɔmerók]
binóculo (m)	бинокль (м)	[binóklʲ]
lanterninha (m)	контролёр (м)	[kɔntrɔlǿr]

plateia (f)	партер (м)	[partǽr]
balcão (m)	балкон (м)	[balkón]
primeiro balcão (m)	бельэтаж (м)	[beljetáʃ]
camarote (m)	ложа (ж)	[lóʒa]
fila (f)	ряд (м)	[rʲád]
assento (m)	место (с)	[méstɔ]

público (m)	публика (ж)	[públika]
espectador (m)	зритель (м)	[zrítelʲ]
aplaudir (vt)	хлопать (нсв, нпх)	[hlópatʲ]
aplauso (m)	аплодисменты (мн)	[aplɔdisménti]
ovação (f)	овации (ж мн)	[ɔvátsii]

palco (m)	сцена (ж)	[stsǽna]
cortina (f)	занавес (м)	[zánaves]
cenário (m)	декорация (ж)	[dekɔrátsija]
bastidores (m pl)	кулисы (мн)	[kulísi]

cena (f)	сцена (ж)	[stsǽna]
ato (m)	акт (м)	[ákt]
intervalo (m)	антракт (м)	[antrákt]

125. Cinema

ator (m)	актёр (м)	[aktør]
atriz (f)	актриса (ж)	[aktrísa]
cinema (m)	кино (с)	[kinó]
filme (m)	кино, фильм (м)	[kinó], [fílʲm]
episódio (m)	серия (ж)	[sérija]
filme (m) policial	детектив (м)	[dɛtɛktíf]
filme (m) de ação	боевик (м)	[bɔevík]
filme (m) de aventuras	приключенческий фильм (м)	[priklʲutʃéntʃeskij fílʲm]
filme (m) de ficção científica	фантастический фильм (м)	[fantastítʃeskij fílʲm]
filme (m) de horror	фильм (м) ужасов	[fílʲm úʒasɔf]
comédia (f)	кинокомедия (ж)	[kinɔ·kɔmédija]
melodrama (m)	мелодрама (ж)	[melɔdráma]
drama (m)	драма (ж)	[dráma]
filme (m) de ficção	художественный фильм (м)	[hudóʒestvenij fílʲm]
documentário (m)	документальный фильм (м)	[dɔkumentálʲnij fílʲm]
desenho (m) animado	мультфильм (м)	[mulʲtfílʲm]
cinema (m) mudo	немое кино (с)	[nemóe kinó]
papel (m)	роль (ж)	[rólʲ]
papel (m) principal	главная роль (ж)	[glávnaja rólʲ]
representar (vt)	играть (нсв, н/пх)	[igrátʲ]
estrela (f) de cinema	кинозвезда (ж)	[kinɔ·zvezdá]
conhecido (adj)	известный	[izvésnij]
famoso (adj)	знаменитый	[znamenítij]
popular (adj)	популярный	[pɔpulʲárnij]
roteiro (m)	сценарий (м)	[stsɛnárij]
roteirista (m)	сценарист (м)	[stsɛnaríst]
diretor (m) de cinema	режиссёр (м)	[reʒisør]
produtor (m)	продюсер (м)	[prɔdʲúsɛr]
assistente (m)	ассистент (м)	[asistént]
diretor (m) de fotografia	оператор (м)	[ɔperátɔr]
dublê (m)	каскадёр (м)	[kaskadør]
dublê (m) de corpo	дублёр (м)	[dublør]
filmar (vt)	снимать фильм	[snimátʲ fílʲm]
audição (f)	пробы (мн)	[próbɨ]
filmagem (f)	съёмки (мн)	[sjómki]
equipe (f) de filmagem	съёмочная группа (ж)	[sjómɔtʃnaja grúpa]
set (m) de filmagem	съёмочная площадка (ж)	[sjómɔtʃnaja plɔʃátka]
câmera (f)	кинокамера (ж)	[kinɔ·kámera]
cinema (m)	кинотеатр (м)	[kinɔteátr]
tela (f)	экран (м)	[ɛkrán]

exibir um filme	показывать фильм	[pɔkázivatʲ fílʲm]
trilha (f) sonora	звуковая дорожка (ж)	[zvukɔvája dɔrójka]
efeitos (m pl) especiais	специальные	[spetsiálʲnie
	эффекты (м мн)	ɛfékti]
legendas (f pl)	субтитры (мн)	[suptítri]
crédito (m)	титры (мн)	[títri]
tradução (f)	перевод (м)	[perevód]

126. Pintura

arte (f)	искусство (с)	[iskústvɔ]
belas-artes (f pl)	изящные искусства (с мн)	[izʲáʃnie iskústva]
galeria (f) de arte	арт-галерея (ж)	[art-galeréja]
exibição (f) de arte	выставка (ж) картин	[vīstafka kartín]

pintura (f)	живопись (ж)	[ʒīvɔpisʲ]
arte (f) gráfica	графика (ж)	[gráfika]
arte (f) abstrata	абстракционизм (м)	[abstraktsiɔnízm]
impressionismo (m)	импрессионизм (м)	[impresiɔnízm]

pintura (f), quadro (m)	картина (ж)	[kartína]
desenho (m)	рисунок (м)	[risúnɔk]
cartaz, pôster (m)	постер (м)	[póstɛr]

ilustração (f)	иллюстрация (ж)	[ilʲustrátsija]
miniatura (f)	миниатюра (ж)	[miniatʲúra]
cópia (f)	копия (ж)	[kópija]
reprodução (f)	репродукция (ж)	[reprɔdúktsija]

mosaico (m)	мозаика (ж)	[mɔzáika]
vitral (m)	витраж (м)	[vitráʃ]
afresco (m)	фреска (ж)	[fréska]
gravura (f)	гравюра (ж)	[gravʲúra]

busto (m)	бюст (м)	[bʲúst]
escultura (f)	скульптура (ж)	[skulʲptúra]
estátua (f)	статуя (ж)	[státuja]
gesso (m)	гипс (м)	[gíps]
em gesso (adj)	из гипса	[iz gípsa]

retrato (m)	портрет (м)	[pɔrtrét]
autorretrato (m)	автопортрет (м)	[aftɔ·pɔrtrét]
paisagem (f)	пейзаж (м)	[pejzáʃ]
natureza (f) morta	натюрморт (м)	[natʲurmórt]
caricatura (f)	карикатура (ж)	[karikatúra]
esboço (m)	набросок (м)	[nabrósɔk]

tinta (f)	краска (ж)	[kráska]
aquarela (f)	акварель (ж)	[akvarélʲ]
tinta (f) a óleo	масло (с)	[máslɔ]
lápis (m)	карандаш (м)	[karandáʃ]
tinta (f) nanquim	тушь (ж)	[túʃ]
carvão (m)	уголь (м)	[úgɔlʲ]
desenhar (vt)	рисовать (нсв, н/пх)	[risɔvátʲ]

pintar (vt)	рисовать (нсв, н/пх)	[risɔvátʲ]
posar (vi)	позировать (нсв, нпх)	[pɔzírɔvatʲ]
modelo (m)	натурщик (м)	[natúrʃʲik]
modelo (f)	натурщица (ж)	[natúrʃʲitsa]

pintor (m)	художник (м)	[hudóʒnik]
obra (f)	произведение (с)	[prɔizvedénie]
obra-prima (f)	шедевр (м)	[ʃɛdǽvr]
estúdio (m)	мастерская (ж)	[masterskája]

tela (f)	холст (м)	[hólst]
cavalete (m)	мольберт (м)	[mɔlʲbért]
paleta (f)	палитра (ж)	[palítra]

moldura (f)	рама (ж)	[ráma]
restauração (f)	реставрация (ж)	[restavrátsija]
restaurar (vt)	реставрировать (нсв, пх)	[restavrírɔvatʲ]

127. Literatura & Poesia

literatura (f)	литература (ж)	[literatúra]
autor (m)	автор (м)	[áftɔr]
pseudônimo (m)	псевдоним (м)	[psevdɔním]

livro (m)	книга (ж)	[kníga]
volume (m)	том (м)	[tóm]
índice (m)	оглавление (с)	[ɔglavlénie]
página (f)	страница (ж)	[stranítsa]
protagonista (m)	главный герой (м)	[glávnij gerój]
autógrafo (m)	автограф (м)	[aftógraf]

conto (m)	рассказ (м)	[raskás]
novela (f)	повесть (ж)	[póvestʲ]
romance (m)	роман (м)	[rɔmán]
obra (f)	сочинение (с)	[sɔtʃinénie]
fábula (m)	басня (ж)	[básnʲa]
romance (m) policial	детектив (м)	[dɛtɛktíf]
verso (m)	стихотворение (с)	[stihotvɔrénie]
poesia (f)	поэзия (ж)	[pɔǽzija]
poema (m)	поэма (ж)	[pɔǽma]
poeta (m)	поэт (м)	[pɔǽt]

ficção (f)	беллетристика (ж)	[beletrístika]
ficção (f) científica	научная фантастика (ж)	[naútʃnaja fantástika]
aventuras (f pl)	приключения (ж)	[priklʲutʃénija]
literatura (f) didática	учебная литература (ж)	[utʃébnaja literatúra]
literatura (f) infantil	детская литература (ж)	[détskaja literatúra]

128. Circo

| circo (m) | цирк (м) | [tsĩrk] |
| circo (m) ambulante | цирк-шапито (м) | [tsĩrk-ʃapitó] |

| programa (m) | программа (ж) | [prográma] |
| apresentação (f) | представление (c) | [pretstavlénie] |

| número (m) | номер (м) | [nómer] |
| picadeiro (f) | арена (ж) | [aréna] |

| pantomima (f) | пантомима (ж) | [pantomíma] |
| palhaço (m) | клоун (м) | [klóun] |

acrobata (m)	акробат (м)	[akrobát]
acrobacia (f)	акробатика (ж)	[akrobátika]
ginasta (m)	гимнаст (м)	[gimnást]
ginástica (f)	гимнастика (ж)	[gimnástika]
salto (m) mortal	сальто (c)	[sálʲto]

homem (m) forte	атлет (м)	[atlét]
domador (m)	укротитель (м)	[ukrotítelʲ]
cavaleiro (m) equilibrista	наездник (м)	[naéznik]
assistente (m)	ассистент (м)	[asistént]

truque (m)	трюк (м)	[trʲúk]
truque (m) de mágica	фокус (м)	[fókus]
ilusionista (m)	фокусник (м)	[fókusnik]

malabarista (m)	жонглёр (м)	[ʒonglǿr]
fazer malabarismos	жонглировать (нсв, н/пх)	[ʒonglírovatʲ]
adestrador (m)	дрессировщик (м)	[dresirófʲik]
adestramento (m)	дрессировка (ж)	[dresirófka]
adestrar (vt)	дрессировать (нсв, пх)	[dresirovátʲ]

129. Música. Música popular

música (f)	музыка (ж)	[múzɨka]
músico (m)	музыкант (м)	[muzɨkánt]
instrumento (m) musical	музыкальный инструмент (м)	[muzɨkálʲnɨj instrumént]
tocar ...	играть на ... (нсв)	[igrátʲ na ...]

guitarra (f)	гитара (ж)	[gitára]
violino (m)	скрипка (ж)	[skrípka]
violoncelo (m)	виолончель (ж)	[violontʃélʲ]
contrabaixo (m)	контрабас (м)	[kontrabás]
harpa (f)	арфа (ж)	[árfa]

piano (m)	пианино (c)	[pianíno]
piano (m) de cauda	рояль (м)	[rojálʲ]
órgão (m)	орган (м)	[orgán]

instrumentos (m pl) de sopro	духовые инструменты (м мн)	[duhovɨe instruménti]
oboé (m)	гобой (м)	[gobój]
saxofone (m)	саксофон (м)	[saksofón]
clarinete (m)	кларнет (м)	[klarnét]
flauta (f)	флейта (ж)	[fléjta]

trompete (m)	труба (ж)	[trubá]
acordeão (m)	аккордеон (м)	[akɔrdeón]
tambor (m)	барабан (м)	[barabán]

dueto (m)	дуэт (м)	[duǽt]
trio (m)	трио (c)	[tríɔ]
quarteto (m)	квартет (м)	[kvartét]
coro (m)	хор (м)	[hór]
orquestra (f)	оркестр (м)	[ɔrkéstr]

música (f) pop	поп-музыка (ж)	[póp-múzɨka]
música (f) rock	рок-музыка (ж)	[rók-múzɨka]
grupo (m) de rock	рок-группа (ж)	[rɔk-grúpa]
jazz (m)	джаз (м)	[dʒás]

| ídolo (m) | кумир (м) | [kumír] |
| fã, admirador (m) | поклонник (м) | [pɔklónnik] |

concerto (m)	концерт (м)	[kɔntsǽrt]
sinfonia (f)	симфония (ж)	[simfónija]
composição (f)	сочинение (c)	[sɔtʃinénie]
compor (vt)	сочинить (cв, пх)	[sɔtʃinítʲ]

canto (m)	пение (c)	[pénie]
canção (f)	песня (ж)	[pésnʲa]
melodia (f)	мелодия (ж)	[melódija]
ritmo (m)	ритм (м)	[rítm]
blues (m)	блюз (м)	[blʲús]

notas (f pl)	ноты (ж мн)	[nótɨ]
batuta (f)	палочка (ж)	[pálɔtʃka]
arco (m)	смычок (м)	[smɨtʃók]
corda (f)	струна (ж)	[struná]
estojo (m)	футляр (м)	[futlʲár]

Descanso. Entretenimento. Viagens

turismo (m)	туризм (м)	[turízm]
turista (m)	турист (м)	[turíst]
viagem (f)	путешествие (c)	[puteʃǽstvie]
aventura (f)	приключение (c)	[priklʲutʃénie]
percurso (curta viagem)	поездка (ж)	[pɔéstka]

férias (f pl)	отпуск (м)	[ótpusk]
estar de férias	быть в отпуске	[bɨtʲ v ótpuske]
descanso (m)	отдых (м)	[ótdɨh]

trem (m)	поезд (м)	[póezd]
de trem (chegar ~)	поездом	[póezdɔm]
avião (m)	самолёт (м)	[samɔlɵt]
de avião	самолётом	[samɔlɵtɔm]
de carro	на автомобиле	[na aftɔmɔbíle]
de navio	на корабле	[na kɔrablé]

bagagem (f)	багаж (м)	[bagáʃ]
mala (f)	чемодан (м)	[tʃemɔdán]
carrinho (m)	тележка (ж) для багажа	[teléʃka dlʲa bagaʒá]

passaporte (m)	паспорт (м)	[páspɔrt]
visto (m)	виза (ж)	[víza]
passagem (f)	билет (м)	[bilét]
passagem (f) aérea	авиабилет (м)	[aviabilét]

guia (m) de viagem	путеводитель (м)	[putevɔdítelʲ]
mapa (m)	карта (ж)	[kárta]
área (f)	местность (ж)	[mésnɔstʲ]
lugar (m)	место (c)	[méstɔ]

exotismo (m)	экзотика (ж)	[ɛkzótika]
exótico (adj)	экзотический	[ɛkzɔtítʃeskij]
surpreendente (adj)	удивительный	[udivítelʲnij]

grupo (m)	группа (ж)	[grúpa]
excursão (f)	экскурсия (ж)	[ɛkskúrsija]
guia (m)	экскурсовод (м)	[ɛkskursɔvód]

hotel (m)	гостиница (ж)	[gɔstínitsa]
motel (m)	мотель (м)	[mɔtǽlʲ]
três estrelas	3 звезды	[trí zvezdɨ̄]

| cinco estrelas | 5 звёзд | [pʲátʲ zvǿzd] |
| ficar (vi, vt) | остановиться (св, возв) | [ɔstanɔvítsa] |

quarto (m)	номер (м)	[nómer]
quarto (m) individual	одноместный номер (м)	[ɔdnɔ·mésnɨj nómer]
quarto (m) duplo	двухместный номер (м)	[dvuh·mésnɨj nómer]
reservar um quarto	бронировать номер	[brɔnírɔvatʲ nómer]

| meia pensão (f) | полупансион (м) | [pɔlu·pansión] |
| pensão (f) completa | полный пансион (м) | [pólnɨj pansión] |

com banheira	с ванной	[s vánnɔj]
com chuveiro	с душем	[s dúʃɛm]
televisão (m) por satélite	спутниковое телевидение (c)	[spútnikɔvɔe televídenie]
ar (m) condicionado	кондиционер (м)	[kɔnditsɨonér]
toalha (f)	полотенце (c)	[pɔlɔténtse]
chave (f)	ключ (м)	[klʲútʃ]

administrador (m)	администратор (м)	[administrátɔr]
camareira (f)	горничная (ж)	[górnitʃnaja]
bagageiro (m)	носильщик (м)	[nɔsílʲʃik]
porteiro (m)	портье (c)	[pɔrtjé]

restaurante (m)	ресторан (м)	[restɔrán]
bar (m)	бар (м)	[bár]
café (m) da manhã	завтрак (м)	[záftrak]
jantar (m)	ужин (м)	[úʒin]
bufê (m)	шведский стол (м)	[ʃvétskij stól]

| saguão (m) | вестибюль (м) | [vestibʲúlʲ] |
| elevador (m) | лифт (м) | [líft] |

| NÃO PERTURBE | НЕ БЕСПОКОИТЬ | [ne bespɔkóitʲ] |
| PROIBIDO FUMAR! | НЕ КУРИТЬ! | [ne kurítʲ] |

132. Livros. Leitura

livro (m)	книга (ж)	[kníga]
autor (m)	автор (м)	[áftɔr]
escritor (m)	писатель (м)	[pisátelʲ]
escrever (~ um livro)	написать (св, пх)	[napisátʲ]

leitor (m)	читатель (м)	[tʃitátelʲ]
ler (vt)	читать (нсв, н/пх)	[tʃitátʲ]
leitura (f)	чтение (c)	[tʃténie]

| para si | про себя | [prɔ sebʲá] |
| em voz alta | вслух | [fslúh] |

publicar (vt)	издавать (нсв, пх)	[izdavátʲ]
publicação (f)	издание (c)	[izdánie]
editor (m)	издатель (м)	[izdátelʲ]
editora (f)	издательство (c)	[izdátelʲstvɔ]

sair (vi)	выйти (св, нпх)	[vɨ̄jti]
lançamento (m)	выход (м)	[vɨ̄hɔd]
tiragem (f)	тираж (м)	[tiráʃ]
livraria (f)	книжный магазин (м)	[kníʒnij magazín]
biblioteca (f)	библиотека (ж)	[bibliotéka]
novela (f)	повесть (ж)	[póvestⁱ]
conto (m)	рассказ (м)	[raskás]
romance (m)	роман (м)	[rɔmán]
romance (m) policial	детектив (м)	[dɛtɛktíf]
memórias (f pl)	мемуары (мн)	[memuári]
lenda (f)	легенда (ж)	[legénda]
mito (m)	миф (м)	[míf]
poesia (f)	стихи (м мн)	[stihí]
autobiografia (f)	автобиография (ж)	[áftɔ·biɔgráfija]
obras (f pl) escolhidas	избранное (с)	[ízbrannɔe]
ficção (f) científica	фантастика (ж)	[fantástika]
título (m)	название (с)	[nazvánie]
introdução (f)	введение (с)	[vvedénie]
folha (f) de rosto	титульный лист (м)	[títulⁱnij líst]
capítulo (m)	глава (ж)	[glavá]
excerto (m)	отрывок (м)	[ɔtrɨ̄vɔk]
episódio (m)	эпизод (м)	[ɛpizód]
enredo (m)	сюжет (м)	[sⁱuʒǽt]
conteúdo (m)	содержание (с)	[sɔderʒánie]
índice (m)	оглавление (с)	[ɔglavlénie]
protagonista (m)	главный герой (м)	[glávnij gerój]
volume (m)	том (м)	[tóm]
capa (f)	обложка (ж)	[ɔblóʃka]
encadernação (f)	переплёт (м)	[pereplǿt]
marcador (m) de página	закладка (ж)	[zaklátka]
página (f)	страница (ж)	[straníʦa]
folhear (vt)	листать (нсв, пх)	[listátⁱ]
margem (f)	поля (ж)	[pɔlⁱá]
anotação (f)	пометка (ж)	[pɔmétka]
nota (f) de rodapé	примечание (с)	[primetʃánie]
texto (m)	текст (м)	[tékst]
fonte (f)	шрифт (м)	[ʃríft]
falha (f) de impressão	опечатка (ж)	[ɔpetʃátka]
tradução (f)	перевод (м)	[perevód]
traduzir (vt)	переводить (нсв, пх)	[perevɔdítⁱ]
original (m)	подлинник (м)	[pódlinik]
famoso (adj)	знаменитый	[znamenítij]
desconhecido (adj)	неизвестный	[neizvésnij]
interessante (adj)	интересный	[interésnij]

best-seller (m)	бестселлер (м)	[bessǽler]
dicionário (m)	словарь (м)	[slɔvárʲ]
livro (m) didático	учебник (м)	[utʃébnik]
enciclopédia (f)	энциклопедия (ж)	[ɛntsɪklɔpédija]

133. Caça. Pesca

caça (f)	охота (ж)	[ɔhóta]
caçar (vi)	охотиться (нсв, возв)	[ɔhótitsa]
caçador (m)	охотник (м)	[ɔhótnik]

disparar, atirar (vi)	стрелять (нсв, нпх)	[strelʲátʲ]
rifle (m)	ружьё (с)	[ruʒjǿ]
cartucho (m)	патрон (м)	[patrón]
chumbo (m) de caça	дробь (ж)	[drópʲ]

armadilha (f)	капкан (м)	[kapkán]
armadilha (com corda)	ловушка (ж)	[lɔvúʃka]
cair na armadilha	попасться в капкан	[pɔpástsa f kapkán]
pôr a armadilha	ставить капкан	[stávitʲ kapkán]

caçador (m) furtivo	браконьер (м)	[brakɔnjér]
caça (animais)	дичь (ж)	[dítʃʲ]
cão (m) de caça	охотничья собака (ж)	[ɔhótnitʃja sɔbáka]
safári (m)	сафари (с)	[safári]
animal (m) empalhado	чучело (с)	[tʃútʃelɔ]

pescador (m)	рыбак (м)	[ribák]
pesca (f)	рыбалка (ж)	[ribálka]
pescar (vt)	ловить рыбу	[lɔvítʲ rĩbu]

vara (f) de pesca	удочка (ж)	[údɔtʃka]
linha (f) de pesca	леска (ж)	[léska]
anzol (m)	крючок (м)	[krʲutʃók]

| boia (f), flutuador (m) | поплавок (м) | [pɔplavók] |
| isca (f) | наживка (ж) | [naʒĩfka] |

| lançar a linha | забросить удочку | [zabrósitʲ údɔtʃku] |
| morder (peixe) | клевать (нсв, нпх) | [klevátʲ] |

| pesca (f) | улов (м) | [ulóf] |
| buraco (m) no gelo | прорубь (ж) | [prórupʲ] |

| rede (f) | сеть (ж) | [sétʲ] |
| barco (m) | лодка (ж) | [lótka] |

pescar com rede	ловить сетью	[lɔvítʲ sétju]
lançar a rede	забрасывать сеть	[zabrásivatʲ sétʲ]
puxar a rede	вытаскивать сеть	[vitáskivatʲ sétʲ]

baleeiro (m)	китобой (м)	[kitɔbój]
baleeira (f)	китобойное судно (с)	[kitɔbójnɔe súdnɔ]
arpão (m)	гарпун (м)	[garpún]

134. Jogos. Bilhar

bilhar (m)	бильярд (м)	[biljárd]
sala (f) de bilhar	бильярдная (ж)	[biljárdnaja]
bola (f) de bilhar	бильярдный шар (м)	[biljárdnıj ʃár]

embolsar uma bola	загнать шар	[zagnátʲ ʃár]
taco (m)	кий (м)	[kíj]
caçapa (f)	луза (ж)	[lúza]

135. Jogos. Jogar cartas

ouros (m pl)	бубны (мн)	[búbnı]
espadas (f pl)	пики (мн)	[píki]
copas (f pl)	черви (мн)	[ʧérvi]
paus (m pl)	трефы (мн)	[tréfi]

ás (m)	туз (м)	[tús]
rei (m)	король (м)	[korólʲ]
dama (f), rainha (f)	дама (ж)	[dáma]
valete (m)	валет (м)	[valét]

carta (f) de jogar	игральная карта (ж)	[igrálʲnaja kárta]
cartas (f pl)	карты (ж мн)	[kártı]
trunfo (m)	козырь (м)	[kózirʲ]
baralho (m)	колода (ж)	[kolóda]

ponto (m)	очко (с)	[oʧkó]
dar, distribuir (vt)	сдавать (нсв, н/пх)	[zdavátʲ]
embaralhar (vt)	тасовать (нсв, пх)	[tasovátʲ]
vez, jogada (f)	ход (м)	[hód]
trapaceiro (m)	шулер (м)	[ʃúler]

136. Descanso. Jogos. Diversos

passear (vi)	гулять (нсв, нпх)	[gulʲátʲ]
passeio (m)	прогулка (ж)	[progúlka]
viagem (f) de carro	поездка (ж)	[poéstka]
aventura (f)	приключение (с)	[priklʲuʧénie]
piquenique (m)	пикник (м)	[pikník]

jogo (m)	игра (ж)	[igrá]
jogador (m)	игрок (м)	[igrók]
partida (f)	партия (ж)	[pártija]

colecionador (m)	коллекционер (м)	[kolektsionér]
colecionar (vt)	коллекционировать (нсв, пх)	[kolektsionírovatʲ]
coleção (f)	коллекция (ж)	[koléktsija]

| palavras (f pl) cruzadas | кроссворд (м) | [krosvórd] |
| hipódromo (m) | ипподром (м) | [ipodróm] |

discoteca (f)	дискотека (ж)	[diskotéka]
sauna (f)	сауна (ж)	[sáuna]
loteria (f)	лотерея (ж)	[loteréja]

campismo (m)	поход (м)	[pohód]
acampamento (m)	лагерь (м)	[láger']
barraca (f)	палатка (ж)	[palátka]
bússola (f)	компас (м)	[kómpas]
campista (m)	турист (м)	[turíst]

ver (vt), assistir à ...	смотреть (нсв, нпх)	[smotrét']
telespectador (m)	телезритель (м)	[telezrítel']
programa (m) de TV	телепередача (ж)	[tele·peredátʃa]

137. Fotografia

| máquina (f) fotográfica | фотоаппарат (м) | [foto·aparát] |
| foto, fotografia (f) | фото, фотография (ж) | [fóto], [fotográfija] |

fotógrafo (m)	фотограф (м)	[fotógraf]
estúdio (m) fotográfico	фотостудия (ж)	[foto·stúdija]
álbum (m) de fotografias	фотоальбом (м)	[foto·al'bóm]

lente (f) fotográfica	объектив (м)	[objektíf]
lente (f) teleobjetiva	телеобъектив (м)	[tele·objektíf]
filtro (m)	фильтр (м)	[fíl'tr]
lente (f)	линза (ж)	[línza]

ótica (f)	оптика (ж)	[óptika]
abertura (f)	диафрагма (ж)	[diafrágma]
exposição (f)	выдержка (ж)	[vĭderʃka]
visor (m)	видоискатель (м)	[vido·iskátel']
câmera (f) digital	цифровая камера (ж)	[tsifrovája kámera]
tripé (m)	штатив (м)	[ʃtatíf]
flash (m)	вспышка (ж)	[fspĭʃka]

fotografar (vt)	фотографировать (нсв, пх)	[fotografírovat']
tirar fotos	снимать (нсв, пх)	[snimát']
fotografar-se (vr)	фотографироваться (нсв, возв)	[fotografírovatsa]

foco (m)	фокус (м)	[fókus]
focar (vt)	наводить на резкость	[navodít' na réskost']
nítido (adj)	резкий	[réskij]
nitidez (f)	резкость (ж)	[réskost']

| contraste (m) | контраст (м) | [kontrást] |
| contrastante (adj) | контрастный | [kontrásnij] |

retrato (m)	снимок (м)	[snímok]
negativo (m)	негатив (м)	[negatíf]
filme (m)	фотоплёнка (ж)	[foto·plónka]
fotograma (m)	кадр (м)	[kádr]
imprimir (vt)	печатать (нсв, пх)	[petʃátat']

138. Praia. Natação

praia (f)	пляж (м)	[plʲáʃ]
areia (f)	песок (м)	[pesók]
deserto (adj)	пустынный	[pustʲínnɨj]

bronzeado (m)	загар (м)	[zagár]
bronzear-se (vr)	загорать (нсв, нпх)	[zagɔrátʲ]
bronzeado (adj)	загорелый	[zagɔrélɨj]
protetor (m) solar	крем (м) для загара	[krém dlʲa zagára]

biquíni (m)	бикини (с)	[bikíni]
maiô (m)	купальник (м)	[kupálʲnik]
calção (m) de banho	плавки (мн)	[pláfki]

piscina (f)	бассейн (м)	[basǽjn]
nadar (vi)	плавать (нсв, нпх)	[plávatʲ]
chuveiro (m), ducha (f)	душ (м)	[dúʃ]
mudar, trocar (vt)	переодеваться (нсв, возв)	[pereɔdevátsa]
toalha (f)	полотенце (с)	[pɔlɔténtse]

barco (m)	лодка (ж)	[lótka]
lancha (f)	катер (м)	[káter]
esqui (m) aquático	водные лыжи (мн)	[vódnie lɨʒi]
barco (m) de pedais	водный велосипед (м)	[vódnij velɔsipéd]
surf, surfe (m)	серфинг (м)	[sørfing]
surfista (m)	серфингист (м)	[serfingíst]

equipamento (m) de mergulho	акваланг (м)	[akvaláng]
pé (m pl) de pato	ласты (ж мн)	[lásti]
máscara (f)	маска (ж)	[máska]
mergulhador (m)	ныряльщик (м)	[nirʲálʲʃik]
mergulhar (vi)	нырять (нсв, нпх)	[nirʲátʲ]
debaixo d'água	под водой	[pɔd vɔdój]

guarda-sol (m)	зонт (м)	[zónt]
espreguiçadeira (f)	шезлонг (м)	[ʃɛzlóng]
óculos (m pl) de sol	очки (мн)	[ɔtʃkí]
colchão (m) de ar	плавательный матрац (м)	[plávatelʲnij matrás]

| brincar (vi) | играть (нсв, нпх) | [igrátʲ] |
| ir nadar | купаться (нсв, возв) | [kupátsa] |

bola (f) de praia	мяч (м)	[mʲátʃ]
encher (vt)	надувать (нсв, пх)	[naduvátʲ]
inflável (adj)	надувной	[naduvnój]

onda (f)	волна (ж)	[vɔlná]
boia (f)	буй (м)	[búj]
afogar-se (vr)	тонуть (нсв, нпх)	[tɔnútʲ]

salvar (vt)	спасать (нсв, пх)	[spasátʲ]
colete (m) salva-vidas	спасательный жилет (м)	[spasátelʲnij ʒilét]
observar (vt)	наблюдать (нсв, нпх)	[nablʲudátʲ]
salva-vidas (pessoa)	спасатель (м)	[spasátelʲ]

EQUIPAMENTO TÉCNICO. TRANSPORTES

Equipamento técnico. Transportes

139. Computador

computador (m)	компьютер (м)	[kɔmpjútɛr]
computador (m) portátil	ноутбук (м)	[nɔutbúk]
ligar (vt)	включить (св, пх)	[fklʲutʃítʲ]
desligar (vt)	выключить (св, пх)	[vɨklʲutʃitʲ]
teclado (m)	клавиатура (ж)	[klaviatúra]
tecla (f)	клавиша (ж)	[kláviʃa]
mouse (m)	мышь (ж)	[mɨʃ]
tapete (m) para mouse	коврик (м)	[kóvrik]
botão (m)	кнопка (ж)	[knópka]
cursor (m)	курсор (м)	[kursór]
monitor (m)	монитор (м)	[mɔnitór]
tela (f)	экран (м)	[ɛkrán]
disco (m) rígido	жёсткий диск (м)	[ʒóstkij dísk]
capacidade (f) do disco rígido	объём (м) жёсткого диска	[ɔbjóm ʒóstkɔvɔ díska]
memória (f)	память (ж)	[pámɪtʲ]
memória RAM (f)	оперативная память (ж)	[ɔperatívnaja pámɪtʲ]
arquivo (m)	файл (м)	[fájl]
pasta (f)	папка (ж)	[pápka]
abrir (vt)	открыть (св, пх)	[ɔtkrĩtʲ]
fechar (vt)	закрыть (св, пх)	[zakrĩtʲ]
salvar (vt)	сохранить (св, пх)	[sɔhranítʲ]
deletar (vt)	удалить (св, пх)	[udalítʲ]
copiar (vt)	скопировать (св, пх)	[skɔpírɔvatʲ]
ordenar (vt)	сортировать (нсв, пх)	[sɔrtirɔvátʲ]
copiar (vt)	переписать (св, пх)	[perepisátʲ]
programa (m)	программа (ж)	[prɔgráma]
software (m)	программное обеспечение (с)	[prɔgrámnɔe ɔbespetʃénie]
programador (m)	программист (м)	[prɔgramíst]
programar (vt)	программировать (нсв, пх)	[prɔgramírɔvatʲ]
hacker (m)	хакер (м)	[háker]
senha (f)	пароль (м)	[parólʲ]
vírus (m)	вирус (м)	[vírus]
detectar (vt)	обнаружить (св, пх)	[ɔbnarúʒitʲ]

| byte (m) | байт (м) | [bájt] |
| megabyte (m) | мегабайт (м) | [megabájt] |

| dados (m pl) | данные (мн) | [dánnie] |
| base (f) de dados | база (ж) данных | [báza dánnih] |

cabo (m)	кабель (м)	[kábelʲ]
desconectar (vt)	отсоединить (св, пх)	[ɔtsɔedinítʲ]
conectar (vt)	подсоединить (св, пх)	[pɔtsɔedinítʲ]

140. Internet. E-mail

internet (f)	интернет (м)	[intɛrnǽt]
browser (m)	браузер (м)	[bráuzer]
motor (m) de busca	поисковый ресурс (м)	[pɔiskóvij resúrs]
provedor (m)	провайдер (м)	[prɔvájder]

webmaster (m)	веб-мастер (м)	[vɛb-máster]
website (m)	веб-сайт (м)	[vɛb-sájt]
web page (f)	веб-страница (ж)	[vɛb-stranítsa]

| endereço (m) | адрес (м) | [ádres] |
| livro (m) de endereços | адресная книга (ж) | [ádresnaja kníga] |

caixa (f) de correio	почтовый ящик (м)	[pɔtʃtóvij jáʃik]
correio (m)	почта (ж)	[pótʃta]
cheia (caixa de correio)	переполненный	[perepólnenij]

mensagem (f)	сообщение (с)	[sɔɔpʃénie]
mensagens (f pl) recebidas	входящие сообщения (с мн)	[fhɔdʲáʃie sɔɔpʃénija]
mensagens (f pl) enviadas	исходящие сообщения (с мн)	[isxɔdʲáʃie sɔɔpʃénija]

remetente (m)	отправитель (м)	[ɔtpravítelʲ]
enviar (vt)	отправить (св, пх)	[ɔtprávitʲ]
envio (m)	отправка (ж)	[ɔtpráfka]

| destinatário (m) | получатель (м) | [pɔlutʃátelʲ] |
| receber (vt) | получить (св, пх) | [pɔlutʃítʲ] |

| correspondência (f) | переписка (ж) | [perepíska] |
| corresponder-se (vr) | переписываться (нсв, возв) | [perepísivatsa] |

arquivo (m)	файл (м)	[fájl]
fazer download, baixar (vt)	скачать (св, пх)	[skatʃátʲ]
criar (vt)	создать (св, пх)	[sɔzdátʲ]
deletar (vt)	удалить (св, пх)	[udalítʲ]
deletado (adj)	удалённый	[udalǿnnij]

conexão (f)	связь (ж)	[svʲásʲ]
velocidade (f)	скорость (ж)	[skórɔstʲ]
modem (m)	модем (м)	[mɔdǽm]
acesso (m)	доступ (м)	[dóstup]
porta (f)	порт (м)	[pórt]

| conexão (f) | подключение (c) | [pɔtklʲutʃénie] |
| conectar (vi) | подключиться (св, возв) | [pɔtklʲutʃítsa] |

| escolher (vt) | выбрать (св, пх) | [vĩbratʲ] |
| buscar (vt) | искать ... (нсв, пх) | [iskátʲ ...] |

Transportes

avião (m)	самолёт (м)	[samɔlǿt]
passagem (f) aérea	авиабилет (м)	[aviabilét]
companhia (f) aérea	авиакомпания (ж)	[avia·kɔmpánija]
aeroporto (m)	аэропорт (м)	[aɛrɔpórt]
supersônico (adj)	сверхзвуковой	[sverh·zvukɔvój]
comandante (m) do avião	командир (м) корабля	[kɔmandír kɔrablʲá]
tripulação (f)	экипаж (м)	[ɛkipáʃ]
piloto (m)	пилот (м)	[pilót]
aeromoça (f)	стюардесса (ж)	[stʲuardǽsa]
copiloto (m)	штурман (м)	[ʃtúrman]
asas (f pl)	крылья (с мн)	[krīlja]
cauda (f)	хвост (м)	[hvóst]
cabine (f)	кабина (ж)	[kabína]
motor (m)	двигатель (м)	[dvígatelʲ]
trem (m) de pouso	шасси (с)	[ʃassí]
turbina (f)	турбина (ж)	[turbína]
hélice (f)	пропеллер (м)	[prɔpéller]
caixa-preta (f)	чёрный ящик (м)	[ʧórnij jáʃik]
coluna (f) de controle	штурвал (м)	[ʃturvál]
combustível (m)	горючее (с)	[gɔrʲúʧee]
instruções (f pl) de segurança	инструкция по безопасности	[instrúkʦija pɔ bezɔpásnɔsti]
máscara (f) de oxigênio	кислородная маска (ж)	[kislɔródnaja máska]
uniforme (m)	униформа (ж)	[unifórma]
colete (m) salva-vidas	спасательный жилет (м)	[spasátelʲnij ʒilét]
paraquedas (m)	парашют (м)	[paraʃút]
decolagem (f)	взлёт (м)	[vzlǿt]
descolar (vi)	взлетать (нсв, нпх)	[vzletátʲ]
pista (f) de decolagem	взлётная полоса (ж)	[vzlǿtnaja pɔlasá]
visibilidade (f)	видимость (ж)	[vídimɔstʲ]
voo (m)	полёт (м)	[pɔlǿt]
altura (f)	высота (ж)	[visɔtá]
poço (m) de ar	воздушная яма (ж)	[vɔzdúʃnaja jáma]
assento (m)	место (с)	[méstɔ]
fone (m) de ouvido	наушники (м мн)	[naúʃniki]
mesa (f) retrátil	откидной столик (м)	[ɔtkidnój stólik]
janela (f)	иллюминатор (м)	[ilʲuminátɔr]
corredor (m)	проход (м)	[prɔhód]

142. Comboio

trem (m)	поезд (м)	[póezd]
trem (m) elétrico	электричка (ж)	[ɛlektrítʃka]
trem (m)	скорый поезд (м)	[skórij póezd]
locomotiva (f) diesel	тепловоз (м)	[teplovós]
locomotiva (f) a vapor	паровоз (м)	[parɔvós]

vagão (f) de passageiros	вагон (м)	[vagón]
vagão-restaurante (m)	вагон-ресторан (м)	[vagón-restɔrán]

carris (m pl)	рельсы (мн)	[rélʲsi]
estrada (f) de ferro	железная дорога (ж)	[ʒeléznaja dɔróga]
travessa (f)	шпала (ж)	[ʃpála]

plataforma (f)	платформа (ж)	[platfórma]
linha (f)	путь (м)	[pútʲ]
semáforo (m)	семафор (м)	[semafór]
estação (f)	станция (ж)	[stántsija]

maquinista (m)	машинист (м)	[maʃiníst]
bagageiro (m)	носильщик (м)	[nɔsílʲʃik]
hospedeiro, -a (m, f)	проводник (м)	[prɔvɔdník]
passageiro (m)	пассажир (м)	[pasaʒír]
revisor (m)	контролёр (м)	[kɔntrɔlǿr]

corredor (m)	коридор (м)	[kɔridór]
freio (m) de emergência	стоп-кран (м)	[stɔp-krán]

compartimento (m)	купе (с)	[kupǽ]
cama (f)	полка (ж)	[pólka]
cama (f) de cima	верхняя полка (ж)	[vérhnʲaja pólka]
cama (f) de baixo	нижняя полка (ж)	[níʒnʲaja pólka]
roupa (f) de cama	постельное бельё (с)	[pɔstélʲnɔe beljǿ]

passagem (f)	билет (м)	[bilét]
horário (m)	расписание (с)	[raspisánie]
painel (m) de informação	табло (с)	[tabló]

partir (vt)	отходить (нсв, нпх)	[ɔtxɔdítʲ]
partida (f)	отправление (с)	[ɔtpravlénie]
chegar (vi)	прибывать (нсв, нпх)	[pribivátʲ]
chegada (f)	прибытие (с)	[pribĩtie]

chegar de trem	приехать поездом	[priéhatʲ póezdɔm]
pegar o trem	сесть на поезд	[séstʲ na póezd]
descer de trem	сойти с поезда	[sɔjtí s póezda]

acidente (m) ferroviário	крушение (с)	[kruʃǽnie]
descarrilar (vi)	сойти с рельс	[sɔjtí s rélʲs]

locomotiva (f) a vapor	паровоз (м)	[parɔvós]
foguista (m)	кочегар (м)	[kɔtʃegár]
fornalha (f)	топка (ж)	[tópka]
carvão (m)	уголь (м)	[úgɔlʲ]

143. Barco

navio (m)	корабль (м)	[koráblʲ]
embarcação (f)	судно (c)	[súdnɔ]
barco (m) a vapor	пароход (м)	[parɔhód]
barco (m) fluvial	теплоход (м)	[teplɔhód]
transatlântico (m)	лайнер (м)	[lájner]
cruzeiro (m)	крейсер (м)	[kréjser]
iate (m)	яхта (ж)	[jáhta]
rebocador (m)	буксир (м)	[buksír]
barcaça (f)	баржа (ж)	[barʒá]
ferry (m)	паром (м)	[paróm]
veleiro (m)	парусник (м)	[párusnik]
bergantim (m)	бригантина (ж)	[brigantína]
quebra-gelo (m)	ледокол (м)	[ledɔkól]
submarino (m)	подводная лодка (ж)	[pɔdvódnaja lótka]
bote, barco (m)	лодка (ж)	[lótka]
baleeira (bote salva-vidas)	шлюпка (ж)	[ʃlʲúpka]
bote (m) salva-vidas	спасательная шлюпка (ж)	[spasátelʲnaja ʃlʲúpka]
lancha (f)	катер (м)	[káter]
capitão (m)	капитан (м)	[kapitán]
marinheiro (m)	матрос (м)	[matrós]
marujo (m)	моряк (м)	[mɔrʲák]
tripulação (f)	экипаж (м)	[ɛkipáʃ]
contramestre (m)	боцман (м)	[bóʦman]
grumete (m)	юнга (м)	[júnga]
cozinheiro (m) de bordo	кок (м)	[kók]
médico (m) de bordo	судовой врач (м)	[sudɔvój vrátʃ]
convés (m)	палуба (ж)	[páluba]
mastro (m)	мачта (ж)	[mátʃta]
vela (f)	парус (м)	[párus]
porão (m)	трюм (м)	[trʲúm]
proa (f)	нос (м)	[nós]
popa (f)	корма (ж)	[kɔrmá]
remo (m)	весло (c)	[vesló]
hélice (f)	винт (м)	[vínt]
cabine (m)	каюта (ж)	[kajúta]
sala (f) dos oficiais	кают-компания (ж)	[kajút-kɔmpánija]
sala (f) das máquinas	машинное отделение (c)	[maʃínnɔe ɔtdelénie]
ponte (m) de comando	капитанский мостик (м)	[kapitánskij móstik]
sala (f) de comunicações	радиорубка (ж)	[radiɔ·rúpka]
onda (f)	волна (ж)	[vɔlná]
diário (m) de bordo	судовой журнал (м)	[sudɔvój ʒurnál]
luneta (f)	подзорная труба (ж)	[pɔdzórnaja trubá]
sino (m)	колокол (м)	[kólɔkɔl]

bandeira (f)	флаг (м)	[flág]
cabo (m)	канат (м)	[kanát]
nó (m)	узел (м)	[úzel]

corrimão (m)	поручень (м)	[pórutʃenʲ]
prancha (f) de embarque	трап (м)	[tráp]

âncora (f)	якорь (м)	[jákorʲ]
recolher a âncora	поднять якорь	[podnʲátʲ jákorʲ]
jogar a âncora	бросить якорь	[brósitʲ jákorʲ]
amarra (corrente de âncora)	якорная цепь (ж)	[jákornaja tsæpʲ]

porto (m)	порт (м)	[pórt]
cais, amarradouro (m)	причал (м)	[pritʃál]
atracar (vi)	причаливать (нсв, нпх)	[pritʃálivatʲ]
desatracar (vi)	отчаливать (нсв, нпх)	[otʃálivatʲ]

viagem (f)	путешествие (c)	[puteʃǽstvie]
cruzeiro (m)	круиз (м)	[kruís]
rumo (m)	курс (м)	[kúrs]
itinerário (m)	маршрут (м)	[marʃrút]

canal (m) de navegação	фарватер (м)	[farvátɛr]
banco (m) de areia	мель (ж)	[mélʲ]
encalhar (vt)	сесть на мель	[séstʲ na mélʲ]

tempestade (f)	буря (ж)	[búrʲa]
sinal (m)	сигнал (м)	[signál]
afundar-se (vr)	тонуть (нсв, нпх)	[tonútʲ]
Homem ao mar!	Человек за бортом!	[tʃelovék za bórtom]
SOS	SOS (м)	[sós]
boia (f) salva-vidas	спасательный круг (м)	[spasátelʲnij krúg]

144. Aeroporto

aeroporto (m)	аэропорт (м)	[aɛropórt]
avião (m)	самолёт (м)	[samolǿt]
companhia (f) aérea	авиакомпания (ж)	[avia·kompánija]
controlador (m) de tráfego aéreo	авиадиспетчер (м)	[avia·dispétʃer]

partida (f)	вылет (м)	[vīlet]
chegada (f)	прилёт (м)	[prilǿt]
chegar (vi)	прилететь (св, нпх)	[priletétʲ]

hora (f) de partida	время (c) вылета	[vrémʲa vīleta]
hora (f) de chegada	время (c) прилёта	[vrémʲa prilǿta]

estar atrasado	задерживаться (нсв, возв)	[zadérʒivatsa]
atraso (m) de voo	задержка (ж) вылета	[zadérʃka vīleta]

painel (m) de informação	информационное табло (c)	[informatsiónnoe tabló]
informação (f)	информация (ж)	[informátsija]
anunciar (vt)	объявлять (нсв, пх)	[objɪvlʲátʲ]

134

voo (m)	рейс (м)	[réjs]
alfândega (f)	таможня (ж)	[tamóʒnʲa]
funcionário (m) da alfândega	таможенник (м)	[tamóʒenik]

declaração (f) alfandegária	декларация (ж)	[deklarátsija]
preencher (vt)	заполнить (св, пх)	[zapólnitʲ]
preencher a declaração	заполнить декларацию	[zapólnitʲ deklarátsiju]
controle (m) de passaporte	паспортный контроль (м)	[pásportnij kɔntrólʲ]

bagagem (f)	багаж (м)	[bagáʃ]
bagagem (f) de mão	ручная кладь (ж)	[rutʃnája klátʲ]
carrinho (m)	тележка (ж) для багажа	[teléʃka dlʲa bagaʒá]

pouso (m)	посадка (ж)	[pɔsátka]
pista (f) de pouso	посадочная полоса (ж)	[pɔsádotʃnaja pɔlɔsá]
aterrissar (vi)	садиться (нсв, возв)	[sadítsa]
escada (f) de avião	трап (м)	[tráp]

check-in (m)	регистрация (ж)	[registrátsija]
balcão (m) do check-in	стойка (ж) регистрации	[stójka registrátsii]
fazer o check-in	зарегистрироваться (св, возв)	[zaregistrírɔvatsa]

| cartão (m) de embarque | посадочный талон (м) | [pɔsádotʃnij talón] |
| portão (m) de embarque | выход (м) | [vīhɔd] |

trânsito (m)	транзит (м)	[tranzít]
esperar (vi, vt)	ждать (нсв, пх)	[ʒdátʲ]
sala (f) de espera	зал (м) ожидания	[zál ɔʒɨdánija]
despedir-se (acompanhar)	провожать (нсв, пх)	[prɔvɔʒátʲ]
despedir-se (dizer adeus)	прощаться (нсв, возв)	[prɔʃʲátsa]

145. Bicicleta. Motocicleta

bicicleta (f)	велосипед (м)	[velɔsipéd]
lambreta (f)	мотороллер (м)	[mɔtɔróler]
moto (f)	мотоцикл (м)	[mɔtɔtsīkl]

ir de bicicleta	ехать на велосипеде	[éhatʲ na velɔsipéde]
guidão (m)	руль (м)	[rúlʲ]
pedal (m)	педаль (ж)	[pedálʲ]
freios (m pl)	тормоза (м мн)	[tɔrmɔzá]
banco, selim (m)	седло (с)	[sedló]

bomba (f)	насос (м)	[nasós]
bagageiro (m) de teto	багажник (м)	[bagáʒnik]
lanterna (f)	фонарь (м)	[fɔnárʲ]
capacete (m)	шлем (м)	[ʃlém]

roda (f)	колесо (с)	[kɔlesó]
para-choque (m)	крыло (с)	[kriló]
aro (m)	обод (м)	[óbɔd]
raio (m)	спица (ж)	[spítsa]

Carros

carro, automóvel (m)	автомобиль (м)	[aftɔmɔbílʲ]
carro (m) esportivo	спортивный автомобиль (м)	[spɔrtívnij aftɔmɔbílʲ]
limusine (f)	лимузин (м)	[limuzín]
todo o terreno (m)	внедорожник (м)	[vnedɔróʒnik]
conversível (m)	кабриолет (м)	[kabriɔlét]
minibus (m)	микроавтобус (м)	[mikrɔ·aftóbus]
ambulância (f)	скорая помощь (ж)	[skóraja pómɔʃ]
limpa-neve (m)	снегоуборочная машина (ж)	[snegɔ·ubórɔtʃnaja maʃina]
caminhão (m)	грузовик (м)	[gruzɔvík]
caminhão-tanque (m)	бензовоз (м)	[benzɔvós]
perua, van (f)	фургон (м)	[furgón]
caminhão-trator (m)	тягач (м)	[tɪgátʃ]
reboque (m)	прицеп (м)	[pritsǽp]
confortável (adj)	комфортабельный	[kɔmfɔrtábelʲnij]
usado (adj)	подержанный	[pɔdérʒenij]

capô (m)	капот (м)	[kapót]
para-choque (m)	крыло (с)	[krɪló]
teto (m)	крыша (ж)	[krɪ̃ʃa]
para-brisa (m)	ветровое стекло (с)	[vetrɔvóe stekló]
retrovisor (m)	зеркало (с) заднего вида	[zérkalɔ zádnevɔ vída]
esguicho (m)	омыватель (м)	[ɔmivátelʲ]
limpadores (m) de para-brisas	дворники (мн)	[dvórniki]
vidro (m) lateral	боковое стекло (с)	[bɔkɔvóe stekló]
elevador (m) do vidro	стеклоподъёмник (м)	[steklɔ·pɔdjómnik]
antena (f)	антенна (ж)	[antǽna]
teto (m) solar	люк (м)	[lʲúk]
para-choque (m)	бампер (м)	[bámper]
porta-malas (f)	багажник (м)	[bagáʒnik]
bagageira (f)	багажник (м)	[bagáʒnik]
porta (f)	дверца (ж)	[dvértsa]
maçaneta (f)	ручка (ж)	[rútʃka]
fechadura (f)	замок (м)	[zámɔk]

placa (f)	номер (м)	[nómer]
silenciador (m)	глушитель (м)	[gluʃitelʲ]
tanque (m) de gasolina	бензобак (м)	[benzɔbák]
tubo (m) de exaustão	выхлопная труба (ж)	[vɨhlɔpnája trubá]

acelerador (m)	газ (м)	[gás]
pedal (m)	педаль (ж)	[pedálʲ]
pedal (m) do acelerador	педаль (ж) газа	[pedálʲ gáza]

freio (m)	тормоз (м)	[tórmɔs]
pedal (m) do freio	педаль (ж) тормоза	[pedálʲ tórmɔza]
frear (vt)	тормозить (нсв, нпх)	[tɔrmɔzítʲ]
freio (m) de mão	стояночный тормоз (м)	[stɔjánɔtʃnij tórmɔs]

embreagem (f)	сцепление (с)	[stsɛplénie]
pedal (m) da embreagem	педаль (ж) сцепления	[pedálʲ stsɛplénija]
disco (m) de embreagem	диск (м) сцепления	[dísk stsɛplénija]
amortecedor (m)	амортизатор (м)	[amɔrtizátɔr]

roda (f)	колесо (с)	[kɔlesó]
pneu (m) estepe	запасное колесо (с)	[zapasnóe kɔlesó]
calota (f)	колпак (м)	[kɔlpák]

rodas (f pl) motrizes	ведущие колёса (с мн)	[vedúʃie kɔlǿsa]
de tração dianteira	переднеприводный	[perédne·prívɔdnij]
de tração traseira	заднеприводный	[zádne·prívɔdnij]
de tração às 4 rodas	полноприводный	[pólnɔ·prívɔdnij]

caixa (f) de mudanças	коробка (ж) передач	[kɔrópka peredátʃ]
automático (adj)	автоматическая	[aftɔmatítʃeskaja]
mecânico (adj)	механическая	[mehanítʃeskaja]
alavanca (f) de câmbio	рычаг (м) коробки передач	[ritʃág kɔrópki peredátʃ]

| farol (m) | фара (ж) | [fára] |
| faróis (m pl) | фары (ж мн) | [fári] |

farol (m) baixo	ближний свет (м)	[blíʒnij svet]
farol (m) alto	дальний свет (м)	[dálʲnij svet]
luzes (f pl) de parada	стоп-сигнал (м)	[stóp-signál]

luzes (f pl) de posição	габаритные огни (мн)	[gabarítnie ɔgní]
luzes (f pl) de emergência	аварийные огни (мн)	[avaríjnie ɔgní]
faróis (m pl) de neblina	противотуманные фары (ж мн)	[prótivɔ·tumánnie fári]

| pisca-pisca (m) | поворотник (м) | [pɔvɔrótnik] |
| luz (f) de marcha ré | задний ход (м) | [zádnij hód] |

148. Carros. Habitáculo

interior (do carro)	салон (м)	[salón]
de couro	кожаный	[kóʒanij]
de veludo	велюровый	[velʲúrɔvij]
estofamento (m)	обивка (ж)	[ɔbífka]
indicador (m)	прибор (м)	[pribór]

painel (m)	приборный щиток (м)	[pribórnɨj ʃitók]
velocímetro (m)	спидометр (м)	[spidómetr]
ponteiro (m)	стрелка (ж)	[strélka]

hodômetro, odômetro (m)	счётчик (м)	[ʃóttʃik]
indicador (m)	датчик (м)	[dáttʃik]
nível (m)	уровень (м)	[úrɔvenʲ]
luz (f) de aviso	лампочка (ж)	[lámpɔtʃka]

volante (m)	руль (м)	[rúlʲ]
buzina (f)	сигнал (м)	[signál]
botão (m)	кнопка (ж)	[knópka]
interruptor (m)	переключатель (м)	[pereklʲutʃátelʲ]

assento (m)	сиденье (c)	[sidénje]
costas (f pl) do assento	спинка (ж)	[spínka]
cabeceira (f)	подголовник (м)	[pɔdgɔlóvnik]
cinto (m) de segurança	ремень (м) безопасности	[reménʲ bezɔpásnɔsti]
apertar o cinto	пристегнуть ремень	[pristegnútʲ reménʲ]
ajuste (m)	регулировка (ж)	[regulirófka]

airbag (m)	воздушная подушка (ж)	[vɔzdúʃnaja pɔdúʃka]
ar (m) condicionado	кондиционер (м)	[kɔnditsionér]

rádio (m)	радио (c)	[rádiɔ]
leitor (m) de CD	CD-проигрыватель (м)	[si·dí-prɔígrivatelʲ]
ligar (vt)	включить (cв, пх)	[fklʲutʃítʲ]
antena (f)	антенна (ж)	[antǽna]
porta-luvas (m)	бардачок (м)	[bardatʃók]
cinzeiro (m)	пепельница (ж)	[pépelʲnitsa]

149. Carros. Motor

motor (m)	двигатель (м)	[dvígatelʲ]
motor (m)	мотор (м)	[mɔtór]
a diesel	дизельный	[dízelʲnɨj]
a gasolina	бензиновый	[benzínɔvɨj]

cilindrada (f)	объём (м) двигателя	[ɔbjóm dvígatelʲa]
potência (f)	мощность (ж)	[móʃnɔstʲ]
cavalo (m) de potência	лошадиная сила (ж)	[lɔʃɨdínaja síla]
pistão (m)	поршень (м)	[pórʃɛnʲ]
cilindro (m)	цилиндр (м)	[tsɨlíndr]
válvula (f)	клапан (м)	[klápan]

injetor (m)	инжектор (м)	[inʒǽktɔr]
gerador (m)	генератор (м)	[generátɔr]
carburador (m)	карбюратор (м)	[karbʲurátɔr]
óleo (m) de motor	моторное масло (c)	[mɔtórnɔe máslɔ]

radiador (m)	радиатор (м)	[radiátɔr]
líquido (m) de arrefecimento	охлаждающая жидкость (ж)	[ɔhlaʒdájuʃaja ʒɨtkɔstʲ]

ventilador (m)	вентилятор (м)	[ventilʲátɔr]

bateria (f)	аккумулятор (м)	[akumulʲátɔr]
dispositivo (m) de arranque	стартер (м)	[stárter]
ignição (f)	зажигание (c)	[zaʒigánie]
vela (f) de ignição	свеча (ж) зажигания	[svetʃá zaʒigánija]

terminal (m)	клемма (ж)	[klémma]
terminal (m) positivo	плюс (м)	[plʲús]
terminal (m) negativo	минус (м)	[mínus]
fusível (m)	предохранитель (м)	[predɔhranítelʲ]

filtro (m) de ar	воздушный фильтр (м)	[vɔzdúʃnij fílʲtr]
filtro (m) de óleo	масляный фильтр (м)	[máslɪnij fílʲtr]
filtro (m) de combustível	топливный фильтр (м)	[tóplivnij fílʲtr]

150. Carros. Batidas. Reparação

acidente (m) de carro	авария (ж)	[avárija]
acidente (m) rodoviário	дорожное происшествие (c)	[dɔróʒnɔe prɔiʃǽstvie]
bater (~ num muro)	врезаться (нсв, возв)	[vrézatsa]
sofrer um acidente	разбиться (св, возв)	[razbítsa]
dano (m)	повреждение (c)	[pɔvreʒdénie]
intato	целый	[ʦǽlij]

pane (f)	поломка (ж)	[pɔlómka]
avariar (vi)	сломаться (св, возв)	[slɔmátsa]
cabo (m) de reboque	буксировочный трос (м)	[buksiróvɔtʃnij trós]

furo (m)	прокол (м)	[prɔkól]
estar furado	спустить (св, нпх)	[spustítʲ]
encher (vt)	накачивать (нсв, пх)	[nakátʃivatʲ]
pressão (f)	давление (c)	[davlénie]
verificar (vt)	проверить (св, пх)	[prɔvéritʲ]

reparo (m)	ремонт (м)	[remónt]
oficina (f) automotiva	автосервис (м)	[aftɔ·sǽrvis]
peça (f) de reposição	запчасть (ж)	[zaptʃástʲ]
peça (f)	деталь (ж)	[detálʲ]

parafuso (com porca)	болт (м)	[bólt]
parafuso (m)	винт (м)	[vínt]
porca (f)	гайка (ж)	[gájka]
arruela (f)	шайба (ж)	[ʃájba]
rolamento (m)	подшипник (м)	[pɔdʃípnik]

tubo (m)	трубка (ж)	[trúpka]
junta, gaxeta (f)	прокладка (ж)	[prɔklátka]
fio, cabo (m)	провод (м)	[próvɔd]

macaco (m)	домкрат (м)	[dɔmkrát]
chave (f) de boca	гаечный ключ (м)	[gáetʃnij klʲútʃ]
martelo (m)	молоток (м)	[mɔlɔtók]
bomba (f)	насос (м)	[nasós]
chave (f) de fenda	отвёртка (ж)	[ɔtvɵ́rtka]

| extintor (m) | огнетушитель (м) | [ɔgnetuʃitelʲ] |
| triângulo (m) de emergência | аварийный треугольник (м) | [avaríjnij treugólʲnik] |

morrer (motor)	глохнуть (нсв, нпх)	[glóhnutʲ]
paragem, "morte" (f)	остановка (ж)	[ɔstanófka]
estar quebrado	быть сломанным	[bītʲ slómannim]

superaquecer-se (vr)	перегреться (св, возв)	[peregrétsa]
entupir-se (vr)	засориться (св, возв)	[zasorítsa]
congelar-se (vr)	замёрзнуть (св, нпх)	[zamɵ́rznutʲ]
rebentar (vi)	лопнуть (св, нпх)	[lópnutʲ]

pressão (f)	давление (с)	[davlénie]
nível (m)	уровень (м)	[úrɔvenʲ]
frouxo (adj)	слабый	[slábij]

batida (f)	вмятина (ж)	[vmʲátina]
ruído (m)	стук (м)	[stúk]
fissura (f)	трещина (ж)	[tréʃina]
arranhão (m)	царапина (ж)	[ʦarápina]

151. Carros. Estrada

estrada (f)	дорога (ж)	[dɔróga]
autoestrada (f)	автомагистраль (ж)	[áftɔ·magistrálʲ]
rodovia (f)	шоссе (с)	[ʃossǽ]
direção (f)	направление (с)	[napravlénie]
distância (f)	расстояние (с)	[rastɔjánie]

ponte (f)	мост (м)	[móst]
parque (m) de estacionamento	паркинг (м)	[párking]
praça (f)	площадь (ж)	[plóʃatʲ]
nó (m) rodoviário	развязка (ж)	[razvʲáska]
túnel (m)	тоннель (м)	[tɔnǽlʲ]

posto (m) de gasolina	автозаправка (ж)	[aftɔ·zapráfka]
parque (m) de estacionamento	автостоянка (ж)	[aftɔ·stɔjánka]
bomba (f) de gasolina	колонка (ж)	[kɔlónka]
oficina (f) automotiva	гараж (м)	[garáʃ]
abastecer (vt)	заправить (св, пх)	[zaprávitʲ]
combustível (m)	топливо (с)	[tóplivɔ]
galão (m) de gasolina	канистра (ж)	[kanístra]

asfalto (m)	асфальт (м)	[asfálʲt]
marcação (f) de estradas	разметка (ж)	[razmétka]
meio-fio (m)	бордюр (м)	[bɔrdʲúr]
guard-rail (m)	ограждение (с)	[ɔgraʒdénie]
valeta (f)	кювет (м)	[kʲuvét]
acostamento (m)	обочина (ж)	[ɔbótʃina]
poste (m) de luz	столб (м)	[stólb]

| dirigir (vt) | вести (нсв, пх) | [vestí] |
| virar (~ para a direita) | поворачивать (нсв, нпх) | [pɔvɔrátʃivatʲ] |

| dar retorno | разворачиваться (нсв, возв) | [razvɔrátʃivatsa] |
| ré (f) | задний ход (м) | [zádnij hód] |

buzinar (vi)	сигналить (нсв, нпх)	[signálitʲ]
buzina (f)	звуковой сигнал (м)	[zvukɔvój signál]
atolar-se (vr)	застрять (св, нпх)	[zastrʲátʲ]
patinar (na lama)	буксовать (нсв, нпх)	[buksɔvátʲ]
desligar (vt)	глушить (нсв, пх)	[gluʃítʲ]

velocidade (f)	скорость (ж)	[skórɔstʲ]
exceder a velocidade	превысить скорость	[prevīsitʲ skórɔstʲ]
multar (vt)	штрафовать (нсв, пх)	[ʃtrafɔvátʲ]
semáforo (m)	светофор (м)	[svetɔfór]
carteira (f) de motorista	водительские права (мн)	[vɔdítelʲskie pravá]

passagem (f) de nível	переезд (м)	[pereézd]
cruzamento (m)	перекрёсток (м)	[perekrøstɔk]
faixa (f)	пешеходный переход (м)	[peʃɛhódnij perehód]
curva (f)	поворот (м)	[pɔvɔrót]
zona (f) de pedestres	пешеходная зона (ж)	[peʃɛhódnaja zóna]

PESSOAS. EVENTOS

Eventos

festa (f)	праздник (м)	[práznik]
feriado (m) nacional	национальный праздник (м)	[natsionálʲnij práznik]
feriado (m)	праздничный день (м)	[práznitʃnij dénʲ]
festejar (vt)	праздновать (нсв, пх)	[práznovatʲ]
evento (festa, etc.)	событие (с)	[sobītie]
evento (banquete, etc.)	мероприятие (с)	[meroprijátie]
banquete (m)	банкет (м)	[bankét]
recepção (f)	приём (м)	[prijóm]
festim (m)	пир (м)	[pír]
aniversário (m)	годовщина (ж)	[godofʃína]
jubileu (m)	юбилей (м)	[jubiléj]
celebrar (vt)	отметить (св, пх)	[otmétitʲ]
Ano (m) Novo	Новый год (м)	[nóvij gód]
Feliz Ano Novo!	С Новым Годом!	[s nóvim gódom]
Natal (m)	Рождество (с)	[roʒdestvó]
Feliz Natal!	Весёлого Рождества!	[vesǿlovo roʒdestvá]
árvore (f) de Natal	Новогодняя ёлка (ж)	[novogódnʲaja jólka]
fogos (m pl) de artifício	салют (м)	[salʲút]
casamento (m)	свадьба (ж)	[svátʲba]
noivo (m)	жених (м)	[ʒeníh]
noiva (f)	невеста (ж)	[nevésta]
convidar (vt)	приглашать (нсв, пх)	[priglaʃátʲ]
convite (m)	приглашение (с)	[priglaʃǽnie]
convidado (m)	гость (м)	[góstʲ]
visitar (vt)	идти в гости	[itʲtí v gósti]
receber os convidados	встречать гостей	[fstretʃátʲ gostéj]
presente (m)	подарок (м)	[podárok]
oferecer, dar (vt)	дарить (нсв, пх)	[darítʲ]
receber presentes	получать подарки	[polutʃátʲ podárki]
buquê (m) de flores	букет (м)	[bukét]
felicitações (f pl)	поздравление (с)	[pozdravlénie]
felicitar (vt)	поздравлять (нсв, пх)	[pozdravlʲátʲ]
cartão (m) de parabéns	поздравительная открытка (ж)	[pozdravítelʲnaja otkrītka]

| enviar um cartão postal | отправить открытку | [ɔtprávitʲ ɔtkrĩtku] |
| receber um cartão postal | получить открытку | [pɔlutʃítʲ ɔtkrĩtku] |

brinde (m)	тост (м)	[tóst]
oferecer (vt)	угощать (нсв, пх)	[ugɔʃátʲ]
champanhe (m)	шампанское (с)	[ʃampánskɔe]

divertir-se (vr)	веселиться (нсв, возв)	[veselítsa]
diversão (f)	веселье (с)	[vesélje]
alegria (f)	радость (ж)	[rádɔstʲ]

| dança (f) | танец (м) | [tánets] |
| dançar (vi) | танцевать (нсв, н/пх) | [tantsɛvátʲ] |

| valsa (f) | вальс (м) | [válʲs] |
| tango (m) | танго (с) | [tángɔ] |

153. Funerais. Enterro

cemitério (m)	кладбище (с)	[kládbiʃe]
sepultura (f), túmulo (m)	могила (ж)	[mɔgíla]
cruz (f)	крест (м)	[krést]
lápide (f)	надгробие (с)	[nadgróbie]
cerca (f)	ограда (ж)	[ɔgráda]
capela (f)	часовня (ж)	[tʃasóvnʲa]

morte (f)	смерть (ж)	[smértʲ]
morrer (vi)	умереть (св, нпх)	[umerétʲ]
defunto (m)	покойник (м)	[pɔkójnik]
luto (m)	траур (м)	[tráur]

enterrar, sepultar (vt)	хоронить (нсв, пх)	[hɔrɔnítʲ]
funerária (f)	похоронное бюро (с)	[pɔhɔrónnɔe bʲuró]
funeral (m)	похороны (мн)	[póhɔrɔni]

coroa (f) de flores	венок (м)	[venók]
caixão (m)	гроб (м)	[grób]
carro (m) funerário	катафалк (м)	[katafálk]
mortalha (f)	саван (м)	[sávan]

procissão (f) funerária	траурная процессия (ж)	[tráurnaja protsǽsija]
urna (f) funerária	урна (ж)	[úrna]
crematório (m)	крематорий (м)	[krematórij]

obituário (m), necrologia (f)	некролог (м)	[nekrɔlóg]
chorar (vi)	плакать (нсв, нпх)	[plákatʲ]
soluçar (vi)	рыдать (нсв, нпх)	[ridátʲ]

154. Guerra. Soldados

| pelotão (m) | взвод (м) | [vzvód] |
| companhia (f) | рота (ж) | [róta] |

regimento (m)	полк (м)	[pólk]
exército (m)	армия (ж)	[ármija]
divisão (f)	дивизия (ж)	[divízija]
esquadrão (m)	отряд (м)	[otrʲád]
hoste (f)	войско (с)	[vójskɔ]
soldado (m)	солдат (м)	[sɔldát]
oficial (m)	офицер (м)	[ɔfitsǽr]
soldado (m) raso	рядовой (м)	[rɪdɔvój]
sargento (m)	сержант (м)	[serʒánt]
tenente (m)	лейтенант (м)	[lejtenánt]
capitão (m)	капитан (м)	[kapitán]
major (m)	майор (м)	[majór]
coronel (m)	полковник (м)	[pɔlkóvnik]
general (m)	генерал (м)	[generál]
marujo (m)	моряк (м)	[mɔrʲák]
capitão (m)	капитан (м)	[kapitán]
contramestre (m)	боцман (м)	[bótsman]
artilheiro (m)	артиллерист (м)	[artileríst]
soldado (m) paraquedista	десантник (м)	[desántnik]
piloto (m)	лётчик (м)	[lǿttʃik]
navegador (m)	штурман (м)	[ʃtúrman]
mecânico (m)	механик (м)	[mehánik]
sapador-mineiro (m)	сапёр (м)	[sapǿr]
paraquedista (m)	парашютист (м)	[paraʃutíst]
explorador (m)	разведчик (м)	[razvéttʃik]
atirador (m) de tocaia	снайпер (м)	[snájper]
patrulha (f)	патруль (м)	[patrúlʲ]
patrulhar (vt)	патрулировать (нсв, н/пх)	[patrulírɔvatʲ]
sentinela (f)	часовой (м)	[tʃasɔvój]
guerreiro (m)	воин (м)	[vóin]
patriota (m)	патриот (м)	[patriót]
herói (m)	герой (м)	[gerój]
heroína (f)	героиня (ж)	[gerɔínʲa]
traidor (m)	предатель (м)	[predátelʲ]
desertor (m)	дезертир (м)	[dezertír]
desertar (vt)	дезертировать (нсв, нпх)	[dezertírɔvatʲ]
mercenário (m)	наёмник (м)	[najómnik]
recruta (m)	новобранец (м)	[nɔvɔbránets]
voluntário (m)	доброволец (м)	[dɔbrɔvólets]
morto (m)	убитый (м)	[ubítij]
ferido (m)	раненый (м)	[ránenij]
prisioneiro (m) de guerra	пленный (м)	[plénnij]

155. Guerra. Ações militares. Parte 1

guerra (f)	война (ж)	[vɔjná]
guerrear (vt)	воевать (нсв, нпх)	[vɔevátʲ]
guerra (f) civil	гражданская война (ж)	[graʒdánskaja vɔjná]
perfidamente	вероломно	[verɔlómnɔ]
declaração (f) de guerra	объявление войны	[ɔbjɪvlénie vɔjnī]
declarar guerra	объявить (св, пх)	[ɔbjɪvítʲ]
agressão (f)	агрессия (ж)	[agrǽsija]
atacar (vt)	нападать (нсв, нпх)	[napadátʲ]
invadir (vt)	захватывать (нсв, пх)	[zahvátivatʲ]
invasor (m)	захватчик (м)	[zahvátʧik]
conquistador (m)	завоеватель (м)	[zavɔevátelʲ]
defesa (f)	оборона (ж)	[ɔbɔróna]
defender (vt)	оборонять (нсв, пх)	[ɔbɔrɔnʲátʲ]
defender-se (vr)	обороняться (нсв, возв)	[ɔbɔrɔnʲátsa]
inimigo (m)	враг (м)	[vrág]
adversário (m)	противник (м)	[prɔtívnik]
inimigo (adj)	вражеский	[vráʒeskij]
estratégia (f)	стратегия (ж)	[stratǽgija]
tática (f)	тактика (ж)	[táktika]
ordem (f)	приказ (м)	[prikás]
comando (m)	команда (ж)	[kɔmánda]
ordenar (vt)	приказывать (нсв, пх)	[prikázivatʲ]
missão (f)	задание (с)	[zadánie]
secreto (adj)	секретный	[sekrétnij]
batalha (f)	сражение (с)	[sraʒǽnie]
combate (m)	бой (м)	[bój]
ataque (m)	атака (ж)	[atáka]
assalto (m)	штурм (м)	[ʃtúrm]
assaltar (vt)	штурмовать (нсв, пх)	[ʃturmɔvátʲ]
assédio, sítio (m)	осада (ж)	[ɔsáda]
ofensiva (f)	наступление (с)	[nastuplénie]
tomar à ofensiva	наступать (нсв, нпх)	[nastupátʲ]
retirada (f)	отступление (с)	[ɔtstuplénie]
retirar-se (vr)	отступать (нсв, нпх)	[ɔtstupátʲ]
cerco (m)	окружение (с)	[ɔkruʒǽnie]
cercar (vt)	окружать (нсв, пх)	[ɔkruʒátʲ]
bombardeio (m)	бомбёжка (ж)	[bɔmbǿʒka]
lançar uma bomba	сбросить бомбу	[zbrósitʲ bómbu]
bombardear (vt)	бомбить (нсв, пх)	[bɔmbítʲ]
explosão (f)	взрыв (м)	[vzrīf]
tiro (m)	выстрел (м)	[vīstrel]

| dar um tiro | выстрелить (св, нпх) | [vɨstrelitʲ] |
| tiroteio (m) | стрельба (ж) | [strelʲbá] |

apontar para ...	целиться (нсв, возв)	[ʦǽlitsa]
apontar (vt)	навести (св, пх)	[navestí]
acertar (vt)	попасть (св, нпх)	[pɔpástʲ]

afundar (~ um navio, etc.)	потопить (св, пх)	[pɔtɔpítʲ]
brecha (f)	пробоина (ж)	[prɔbóina]
afundar-se (vr)	идти ко дну (нсв)	[itʲtí kɔ dnú]

frente (m)	фронт (м)	[frónt]
evacuação (f)	эвакуация (ж)	[ɛvakuátsija]
evacuar (vt)	эвакуировать (н/св, пх)	[ɛvakuírɔvatʲ]

trincheira (f)	окоп (м)	[ɔkóp]
arame (m) enfarpado	колючая проволока (ж)	[kɔlʲútʃaja próvɔlka]
barreira (f) anti-tanque	заграждение (с)	[zagraʒdénie]
torre (f) de vigia	вышка (ж)	[vɨʃka]

hospital (m) militar	госпиталь (м)	[góspitalʲ]
ferir (vt)	ранить (н/св, пх)	[ránitʲ]
ferida (f)	рана (ж)	[rána]
ferido (m)	раненый (м)	[ránenɨj]
ficar ferido	получить ранение	[pɔlutʃítʲ ranénie]
grave (ferida ~)	тяжёлый	[tɨʒólɨj]

156. Armas

arma (f)	оружие (с)	[ɔrúʒie]
arma (f) de fogo	огнестрельное оружие (с)	[ɔgnestrélʲnɔe ɔrúʒie]
arma (f) branca	холодное оружие (с)	[hɔlódnɔe ɔrúʒie]

arma (f) química	химическое оружие (с)	[himítʃeskɔe ɔrúʒie]
nuclear (adj)	ядерный	[jádernɨj]
arma (f) nuclear	ядерное оружие (с)	[jádernɔe ɔrúʒie]

| bomba (f) | бомба (ж) | [bómba] |
| bomba (f) atômica | атомная бомба (ж) | [átɔmnaja bómba] |

pistola (f)	пистолет (м)	[pistɔlét]
rifle (m)	ружьё (с)	[ruʒjǿ]
semi-automática (f)	автомат (м)	[aftɔmát]
metralhadora (f)	пулемёт (м)	[pulemǿt]

boca (f)	дуло (с)	[dúlɔ]
cano (m)	ствол (м)	[stvól]
calibre (m)	калибр (м)	[kalíbr]

gatilho (m)	курок (м)	[kurók]
mira (f)	прицел (м)	[pritsǽl]
carregador (m)	магазин (м)	[magazín]
coronha (f)	приклад (м)	[priklád]
granada (f) de mão	граната (ж)	[granáta]

explosivo (m)	взрывчатка (ж)	[vzríftʃátka]
bala (f)	пуля (ж)	[púlʲa]
cartucho (m)	патрон (м)	[patrón]
carga (f)	заряд (м)	[zarʲád]
munições (f pl)	боеприпасы (мн)	[bɔepripásɨ]
bombardeiro (m)	бомбардировщик (м)	[bɔmbardirófʃik]
avião (m) de caça	истребитель (м)	[istrebítelʲ]
helicóptero (m)	вертолёт (м)	[vertɔlǿt]
canhão (m) antiaéreo	зенитка (ж)	[zenítka]
tanque (m)	танк (м)	[tánk]
canhão (de um tanque)	пушка (ж)	[púʃka]
artilharia (f)	артиллерия (ж)	[artilérija]
fazer a pontaria	навести на … (св)	[navestí na …]
projétil (m)	снаряд (м)	[snarʲád]
granada (f) de morteiro	мина (ж)	[mína]
morteiro (m)	миномёт (м)	[minɔmǿt]
estilhaço (m)	осколок (м)	[ɔskólɔk]
submarino (m)	подводная лодка (ж)	[pɔdvódnaja lótka]
torpedo (m)	торпеда (ж)	[tɔrpéda]
míssil (m)	ракета (ж)	[rakéta]
carregar (uma arma)	заряжать (нсв, пх)	[zarɨʒátʲ]
disparar, atirar (vi)	стрелять (нсв, нпх)	[strelʲátʲ]
apontar para …	целиться (нсв, возв)	[tsǽlitsa]
baioneta (f)	штык (м)	[ʃtɨ̃k]
espada (f)	шпага (ж)	[ʃpága]
sabre (m)	сабля (ж)	[sáblʲa]
lança (f)	копьё (с)	[kɔpjǿ]
arco (m)	лук (м)	[lúk]
flecha (f)	стрела (ж)	[strelá]
mosquete (m)	мушкет (м)	[muʃkét]
besta (f)	арбалет (м)	[arbalét]

157. Povos da antiguidade

primitivo (adj)	первобытный	[pervɔbɨ̃tnij]
pré-histórico (adj)	доисторический	[dɔistɔrítʃeskij]
antigo (adj)	древний	[drévnij]
Idade (f) da Pedra	Каменный Век (м)	[kámennij vek]
Idade (f) do Bronze	Бронзовый Век (м)	[brónzɔvij vek]
Era (f) do Gelo	ледниковый период (м)	[lednikóvij períud]
tribo (f)	племя (с)	[plémʲa]
canibal (m)	людоед (м)	[lʲudɔéd]
caçador (m)	охотник (м)	[ɔhótnik]
caçar (vi)	охотиться (нсв, возв)	[ɔhótitsa]
mamute (m)	мамонт (м)	[mámɔnt]

caverna (f)	пещера (ж)	[peʃéra]
fogo (m)	огонь (м)	[ɔgónʲ]
fogueira (f)	костёр (м)	[kɔstǿr]
pintura (f) rupestre	наскальный рисунок (м)	[naskálʲnʲij risúnɔk]

ferramenta (f)	орудие (c) труда	[ɔrúdie trudá]
lança (f)	копьё (c)	[kɔpjǿ]
machado (m) de pedra	каменный топор (м)	[kámennʲij tɔpór]
guerrear (vt)	воевать (нсв, нпх)	[vɔevátʲ]
domesticar (vt)	приручать (нсв, пх)	[prirutʃátʲ]

ídolo (m)	идол (м)	[ídɔl]
adorar, venerar (vt)	поклоняться (нсв, возв)	[pɔklɔnʲátsa]
superstição (f)	суеверие (c)	[suevérie]

evolução (f)	эволюция (ж)	[ɛvɔlʲútsija]
desenvolvimento (m)	развитие (c)	[razvítie]
extinção (f)	исчезновение (c)	[isʃeznɔvénie]
adaptar-se (vr)	приспосабливаться (нсв, возв)	[prispɔsáblivatsa]

arqueologia (f)	археология (ж)	[arheɔlógija]
arqueólogo (m)	археолог (м)	[arheólɔg]
arqueológico (adj)	археологический	[arheɔlɔgítʃeskij]

escavação (sítio)	раскопки (мн)	[raskópki]
escavações (f pl)	раскопки (мн)	[raskópki]
achado (m)	находка (ж)	[nahótka]
fragmento (m)	фрагмент (м)	[fragmént]

158. Idade média

povo (m)	народ (м)	[naród]
povos (m pl)	народы (м мн)	[naródi]
tribo (f)	племя (c)	[plémʲa]
tribos (f pl)	племена (c мн)	[plemená]

bárbaros (pl)	варвары (м мн)	[várvari]
galeses (pl)	галлы (м мн)	[gáli]
godos (pl)	готы (м мн)	[góti]
eslavos (pl)	славяне (мн)	[slavʲáne]
viquingues (pl)	викинги (м мн)	[víkingi]

| romanos (pl) | римляне (мн) | [rímlɪne] |
| romano (adj) | римский | [rímskij] |

bizantinos (pl)	византийцы (м мн)	[vizantíjtsi]
Bizâncio	Византия (ж)	[vizantíja]
bizantino (adj)	византийский	[vizantíjskij]

imperador (m)	император (м)	[imperátɔr]
líder (m)	вождь (м)	[vóʃtʲ]
poderoso (adj)	могущественный	[mɔgúʃestvenʲij]
rei (m)	король (м)	[kɔrólʲ]

governante (m)	правитель (м)	[pravítelʲ]
cavaleiro (m)	рыцарь (м)	[rĩtsarʲ]
senhor feudal (m)	феодал (м)	[feɔdál]
feudal (adj)	феодальный	[feɔdálʲnij]
vassalo (m)	вассал (м)	[vasál]
duque (m)	герцог (м)	[gértsɔg]
conde (m)	граф (м)	[gráf]
barão (m)	барон (м)	[barón]
bispo (m)	епископ (м)	[epískɔp]
armadura (f)	доспехи (мн)	[dɔspéhi]
escudo (m)	щит (м)	[ʃít]
espada (f)	меч (м)	[métʃ]
viseira (f)	забрало (c)	[zabrálɔ]
cota (f) de malha	кольчуга (ж)	[kɔlʲtʃúga]
cruzada (f)	крестовый поход (м)	[krestóvij pɔhód]
cruzado (m)	крестоносец (м)	[krestɔnósets]
território (m)	территория (ж)	[teritórija]
atacar (vt)	нападать (нсв, нпх)	[napadátʲ]
conquistar (vt)	завоевать (св, пх)	[zavɔevátʲ]
ocupar, invadir (vt)	захватить (св, пх)	[zahvatítʲ]
assédio, sítio (m)	осада (ж)	[ɔsáda]
sitiado (adj)	осаждённый	[ɔsaʒdǿnnij]
assediar, sitiar (vt)	осаждать (нсв, пх)	[ɔsaʒdátʲ]
inquisição (f)	инквизиция (ж)	[inkvizítsija]
inquisidor (m)	инквизитор (м)	[inkvizítɔr]
tortura (f)	пытка (ж)	[pĩtka]
cruel (adj)	жестокий	[ʒestókij]
herege (m)	еретик (м)	[eretík]
heresia (f)	ересь (ж)	[éresʲ]
navegação (f) marítima	мореплавание (c)	[mɔre·plávanie]
pirata (m)	пират (м)	[pirát]
pirataria (f)	пиратство (c)	[pirátstvɔ]
abordagem (f)	абордаж (м)	[abɔrdáʃ]
presa (f), butim (m)	добыча (ж)	[dɔbĩtʃa]
tesouros (m pl)	сокровища (мн)	[sɔkróviʃa]
descobrimento (m)	открытие (c)	[ɔtkrĩtie]
descobrir (novas terras)	открыть (св, пх)	[ɔtkrĩtʲ]
expedição (f)	экспедиция (ж)	[ɛkspedítsija]
mosqueteiro (m)	мушкетёр (м)	[muʃketǿr]
cardeal (m)	кардинал (м)	[kardinál]
heráldica (f)	геральдика (ж)	[gerálʲdika]
heráldico (adj)	геральдический	[geralʲdítʃeskij]

159. Líder. Chefe. Autoridades

rei (m)	король (м)	[kɔrólʲ]
rainha (f)	королева (ж)	[kɔrɔléva]

| real (adj) | королевский | [kɔrɔléfskij] |
| reino (m) | королевство (c) | [kɔrɔléfstvɔ] |

| príncipe (m) | принц (м) | [prínts] |
| princesa (f) | принцесса (ж) | [printsǽsa] |

presidente (m)	президент (м)	[prezidént]
vice-presidente (m)	вице-президент (м)	[vítsɛ-prezidént]
senador (m)	сенатор (м)	[senátɔr]

monarca (m)	монарх (м)	[mɔnárh]
governante (m)	правитель (м)	[pravíteľ]
ditador (m)	диктатор (м)	[diktátɔr]
tirano (m)	тиран (м)	[tirán]
magnata (m)	магнат (м)	[magnát]

diretor (m)	директор (м)	[diréktɔr]
chefe (m)	шеф (м)	[ʃǽf]
gerente (m)	управляющий (м)	[upravľájuʃij]
patrão (m)	босс (м)	[bós]
dono (m)	хозяин (м)	[hɔzʲáin]

chefe (m)	глава (ж)	[glavá]
autoridades (f pl)	власти (мн)	[vlásti]
superiores (m pl)	начальство (c)	[natʃálʲstvɔ]

governador (m)	губернатор (м)	[gubernátɔr]
cônsul (m)	консул (м)	[kónsul]
diplomata (m)	дипломат (м)	[diplɔmát]
Presidente (m) da Câmara	мэр (м)	[mǽr]
xerife (m)	шериф (м)	[ʃɛríf]

imperador (m)	император (м)	[imperátɔr]
czar (m)	царь (м)	[tsárʲ]
faraó (m)	фараон (м)	[faraón]
cã, khan (m)	хан (м)	[hán]

160. Violação da lei. Criminosos. Parte 1

bandido (m)	бандит (м)	[bandít]
crime (m)	преступление (c)	[prestuplénie]
criminoso (m)	преступник (м)	[prestúpnik]

ladrão (m)	вор (м)	[vór]
roubo (atividade)	воровство (c)	[vɔrɔfstvó]
furto (m)	кража (ж)	[kráʒa]

raptar, sequestrar (vt)	похитить (св, пх)	[pɔhítitʲ]
sequestro (m)	похищение (c)	[pɔhiʃʲénie]
sequestrador (m)	похититель (м)	[pɔhitíteľ]

resgate (m)	выкуп (м)	[vīkup]
pedir resgate	требовать выкуп	[trébovatʲ vīkup]
roubar (vt)	грабить (нсв, пх)	[grábitʲ]

assaltante (m)	грабитель (м)	[grabítelʲ]
extorquir (vt)	вымогать (нсв, пх)	[vimɔgátʲ]
extorsionário (m)	вымогатель (м)	[vimɔgátelʲ]
extorsão (f)	вымогательство (c)	[vimɔgátelʲstvɔ]

matar, assassinar (vt)	убить (св, пх)	[ubítʲ]
homicídio (m)	убийство (c)	[ubíjstvɔ]
homicida, assassino (m)	убийца (ж)	[ubíjtsa]

tiro (m)	выстрел (м)	[vīstrel]
dar um tiro	выстрелить (св, нпх)	[vīstrelitʲ]
matar a tiro	застрелить (св, пх)	[zastrelítʲ]
disparar, atirar (vi)	стрелять (нсв, нпх)	[strelʲátʲ]
tiroteio (m)	стрельба (ж)	[strelʲbá]

incidente (m)	происшествие (c)	[prɔiʃǽstvie]
briga (~ de rua)	драка (ж)	[dráka]
vítima (f)	жертва (ж)	[ʒǽrtva]

danificar (vt)	повредить (св, пх)	[pɔvredítʲ]
dano (m)	ущерб (м)	[uʃʲérb]
cadáver (m)	труп (м)	[trúp]
grave (adj)	тяжкий	[tʲáʃkij]

atacar (vt)	напасть (св, нпх)	[napástʲ]
bater (espancar)	бить (нсв, пх)	[bítʲ]
espancar (vt)	избить (св, пх)	[izbítʲ]
tirar, roubar (dinheiro)	отнять (св, пх)	[ɔtnʲátʲ]
esfaquear (vt)	зарезать (св, пх)	[zarézatʲ]
mutilar (vt)	изувечить (св, пх)	[izuvétʃitʲ]
ferir (vt)	ранить (н/св, пх)	[ránitʲ]

chantagem (f)	шантаж (м)	[ʃantáʃ]
chantagear (vt)	шантажировать (нсв, пх)	[ʃantaʒīrovatʲ]
chantagista (m)	шантажист (м)	[ʃantaʒīst]

extorsão (f)	рэкет (м)	[rǽket]
extorsionário (m)	рэкетир (м)	[rɛketír]
gângster (m)	гангстер (м)	[gángstɛr]
máfia (f)	мафия (ж)	[máfija]

punguista (m)	карманник (м)	[karmánnik]
assaltante, ladrão (m)	взломщик (м)	[vzlómʃʲik]
contrabando (m)	контрабанда (ж)	[kɔntrabánda]
contrabandista (m)	контрабандист (м)	[kɔntrabandíst]

falsificação (f)	подделка (ж)	[pɔddélka]
falsificar (vt)	подделывать (нсв, пх)	[pɔddélivatʲ]
falsificado (adj)	фальшивый	[falʲʃīvij]

161. Violação da lei. Criminosos. Parte 2

| estupro (m) | изнасилование (c) | [iznasílɔvanie] |
| estuprar (vt) | изнасиловать (св, пх) | [iznasílɔvatʲ] |

| estuprador (m) | насильник (м) | [nasílʲnik] |
| maníaco (m) | маньяк (м) | [manják] |

prostituta (f)	проститутка (ж)	[prɔstitútka]
prostituição (f)	проституция (ж)	[prɔstitútsija]
cafetão (m)	сутенёр (м)	[sutenǿr]

| drogado (m) | наркоман (м) | [narkɔmán] |
| traficante (m) | торговец (м) наркотиками | [tɔrgóvets narkótikami] |

explodir (vt)	взорвать (св, пх)	[vzɔrvátʲ]
explosão (f)	взрыв (м)	[vzrîf]
incendiar (vt)	поджечь (св, пх)	[pɔdʒǽtʃʲ]
incendiário (m)	поджигатель (м)	[pɔdʒigátelʲ]

terrorismo (m)	терроризм (м)	[terɔrízm]
terrorista (m)	террорист (м)	[terɔríst]
refém (m)	заложник (м)	[zalóʒnik]

enganar (vt)	обмануть (св, пх)	[ɔbmanútʲ]
engano (m)	обман (м)	[ɔbmán]
vigarista (m)	мошенник (м)	[mɔʃǽnnik]

subornar (vt)	подкупить (св, пх)	[pɔtkupítʲ]
suborno (atividade)	подкуп (м)	[pótkup]
suborno (dinheiro)	взятка (ж)	[vzʲátka]

veneno (m)	яд (м)	[jád]
envenenar (vt)	отравить (св, пх)	[ɔtravítʲ]
envenenar-se (vr)	отравиться (св, возв)	[ɔtravítsa]

| suicídio (m) | самоубийство (с) | [samɔubíjstvɔ] |
| suicida (m) | самоубийца (м, ж) | [samɔubíjtsa] |

ameaçar (vt)	угрожать (нсв, пх)	[ugrɔʒátʲ]
ameaça (f)	угроза (ж)	[ugróza]
atentar contra a vida de ...	покушаться (нсв, возв)	[pɔkuʃátsa]
atentado (m)	покушение (с)	[pɔkuʃǽnie]

| roubar (um carro) | угнать (св, пх) | [ugnátʲ] |
| sequestrar (um avião) | угнать (св, пх) | [ugnátʲ] |

| vingança (f) | месть (ж) | [méstʲ] |
| vingar (vt) | мстить (нсв, пх) | [mstítʲ] |

torturar (vt)	пытать (нсв, пх)	[pitátʲ]
tortura (f)	пытка (ж)	[pîtka]
atormentar (vt)	мучить (нсв, пх)	[mútʃitʲ]

pirata (m)	пират (м)	[pirát]
desordeiro (m)	хулиган (м)	[huligán]
armado (adj)	вооружённый	[vɔɔruʒónnij]
violência (f)	насилие (с)	[nasílie]
ilegal (adj)	нелегальный	[nelegálʲnij]
espionagem (f)	шпионаж (м)	[ʃpiɔnáʃ]
espionar (vi)	шпионить (нсв, нпх)	[ʃpiónitʲ]

162. Polícia. Lei. Parte 1

justiça (sistema de ~)	правосудие (c)	[pravɔsúdie]
tribunal (m)	суд (м)	[súd]
juiz (m)	судья (ж)	[sudjá]
jurados (m pl)	присяжные (мн)	[prisʲáʒnie]
tribunal (m) do júri	суд (м) присяжных	[sút prisʲáʒnih]
julgar (vt)	судить (нсв, пх)	[sudítʲ]
advogado (m)	адвокат (м)	[advɔkát]
réu (m)	подсудимый (м)	[pɔtsudímij]
banco (m) dos réus	скамья (ж) подсудимых	[skamjá pɔtsudímih]
acusação (f)	обвинение (c)	[ɔbvinénie]
acusado (m)	обвиняемый (м)	[ɔbvinʲáemij]
sentença (f)	приговор (м)	[prigɔvór]
sentenciar (vt)	приговорить (св, пх)	[prigɔvorítʲ]
culpado (m)	виновник (м)	[vinóvnik]
punir (vt)	наказать (св, пх)	[nakazátʲ]
punição (f)	наказание (c)	[nakazánie]
multa (f)	штраф (м)	[ʃtráf]
prisão (f) perpétua	пожизненное заключение (c)	[pɔʒīznenɔe zaklʲutʃénie]
pena (f) de morte	смертная казнь (ж)	[smértnaja káznʲ]
cadeira (f) elétrica	электрический стул (м)	[ɛlektrítʃeskij stúl]
forca (f)	виселица (ж)	[víselitsa]
executar (vt)	казнить (н/св, пх)	[kaznítʲ]
execução (f)	казнь (ж)	[káznʲ]
prisão (f)	тюрьма (ж)	[tʲurʲmá]
cela (f) de prisão	камера (ж)	[kámera]
escolta (f)	конвой (м)	[kɔnvój]
guarda (m) prisional	надзиратель (м)	[nadzirátelʲ]
preso, prisioneiro (m)	заключённый (м)	[zaklʲutʃónnij]
algemas (f pl)	наручники (мн)	[narútʃniki]
algemar (vt)	надеть наручники	[nadétʲ narútʃniki]
fuga, evasão (f)	побег (м)	[pɔbég]
fugir (vi)	убежать (св, нпх)	[ubeʒátʲ]
desaparecer (vi)	исчезнуть (св, нпх)	[isʃéznutʲ]
soltar, libertar (vt)	освободить (св, пх)	[ɔsvobodítʲ]
anistia (f)	амнистия (ж)	[amnístija]
polícia (instituição)	полиция (ж)	[pɔlítsija]
polícia (m)	полицейский (м)	[pɔlitsǽjskij]
delegacia (f) de polícia	полицейский участок (м)	[pɔlitsǽjskij utʃástɔk]
cassetete (m)	резиновая дубинка (ж)	[rezínɔvaja dubínka]
megafone (m)	рупор (м)	[rúpɔr]

carro (m) de patrulha	патрульная машина (ж)	[patrúlʲnaja maʃína]
sirene (f)	сирена (ж)	[siréna]
ligar a sirene	включить сирену	[fklʲutʃítʲ sirénu]
toque (m) da sirene	вой (м) сирены	[vój siréni]

cena (f) do crime	место (с) преступления	[mésto prestuplénija]
testemunha (f)	свидетель (м)	[svidételʲ]
liberdade (f)	свобода (ж)	[svobóda]
cúmplice (m)	сообщник (м)	[soópʃnik]
escapar (vi)	скрыться (св, возв)	[skrítsa]
traço (não deixar ~s)	след (м)	[sléd]

163. Polícia. Lei. Parte 2

procura (f)	розыск (м)	[rózisk]
procurar (vt)	разыскивать ... (нсв, пх)	[razískivatʲ ...]
suspeita (f)	подозрение (с)	[podozrénie]
suspeito (adj)	подозрительный	[podozrítelʲnij]
parar (veículo, etc.)	остановить (св, пх)	[ostanovítʲ]
deter (fazer parar)	задержать (св, пх)	[zaderʒátʲ]

caso (~ criminal)	дело (с)	[délo]
investigação (f)	следствие (с)	[slétstvie]
detetive (m)	детектив, сыщик (м)	[dɛtɛktíf], [síʃik]
investigador (m)	следователь (м)	[slédovatelʲ]
versão (f)	версия (ж)	[vérsija]

motivo (m)	мотив (м)	[motíf]
interrogatório (m)	допрос (м)	[doprós]
interrogar (vt)	допрашивать (нсв, пх)	[dopráʃivatʲ]
questionar (vt)	опрашивать (нсв, пх)	[opráʃivatʲ]
verificação (f)	проверка (ж)	[provérka]

batida (f) policial	облава (ж)	[obláva]
busca (f)	обыск (м)	[óbisk]
perseguição (f)	погоня (ж)	[pogónʲa]
perseguir (vt)	преследовать (нсв, пх)	[preslédovatʲ]
seguir, rastrear (vt)	следить (нсв, нпх)	[sledítʲ]

prisão (f)	арест (м)	[arést]
prender (vt)	арестовать (св, пх)	[arestovátʲ]
pegar, capturar (vt)	поймать (св, пх)	[pojmátʲ]
captura (f)	поимка (ж)	[poímka]

documento (m)	документ (м)	[dokumént]
prova (f)	доказательство (с)	[dokazátelʲstvo]
provar (vt)	доказывать (нсв, пх)	[dokázivatʲ]
pegada (f)	след (м)	[sléd]
impressões (f pl) digitais	отпечатки (м мн) пальцев	[otpetʃátki pálʲtsɛf]
prova (f)	улика (ж)	[ulíka]

álibi (m)	алиби (с)	[álibi]
inocente (adj)	невиновный	[nevinóvnij]
injustiça (f)	несправедливость (ж)	[nespravedlívostʲ]

injusto (adj)	несправедливый	[nespravedlívij]
criminal (adj)	криминальный	[kriminálʲnij]
confiscar (vt)	конфисковать (св, пх)	[kɔnfiskɔvátʲ]
droga (f)	наркотик (м)	[narkótik]
arma (f)	оружие (c)	[ɔrúʒie]
desarmar (vt)	обезоружить (св, пх)	[ɔbezɔrúʒitʲ]
ordenar (vt)	приказывать (нсв, пх)	[prikázivatʲ]
desaparecer (vi)	исчезнуть (св, нпх)	[isʃéznutʲ]

lei (f)	закон (м)	[zakón]
legal (adj)	законный	[zakónnij]
ilegal (adj)	незаконный	[nezakónnij]

responsabilidade (f)	ответственность (ж)	[ɔtvétstvenɔstʲ]
responsável (adj)	ответственный	[ɔtvétstvenij]

NATUREZA

A Terra. Parte 1

espaço, cosmo (m)	космос (м)	[kósmɔs]
espacial, cósmico (adj)	космический	[kɔsmítʃeskij]
espaço (m) cósmico	космическое пространство	[kɔsmítʃeskɔe prɔstránstvɔ]
mundo (m)	мир (м)	[mír]
universo (m)	вселенная (ж)	[fselénnaja]
galáxia (f)	галактика (ж)	[galáktika]
estrela (f)	звезда (ж)	[zvezdá]
constelação (f)	созвездие (c)	[sɔzvézdie]
planeta (m)	планета (ж)	[planéta]
satélite (m)	спутник (м)	[spútnik]
meteorito (m)	метеорит (м)	[meteɔrít]
cometa (m)	комета (ж)	[kɔméta]
asteroide (m)	астероид (м)	[astɛróid]
órbita (f)	орбита (ж)	[ɔrbíta]
girar (vi)	вращаться (нсв, возв)	[vraʃátsa]
atmosfera (f)	атмосфера (ж)	[atmɔsféra]
Sol (m)	Солнце (c)	[sóntse]
Sistema (m) Solar	Солнечная система (ж)	[sólnetʃnaja sistéma]
eclipse (m) solar	солнечное затмение (c)	[sólnetʃnɔe zatménie]
Terra (f)	Земля (ж)	[zemlʲá]
Lua (f)	Луна (ж)	[luná]
Marte (m)	Марс (м)	[márs]
Vênus (f)	Венера (ж)	[venéra]
Júpiter (m)	Юпитер (м)	[jupíter]
Saturno (m)	Сатурн (м)	[satúrn]
Mercúrio (m)	Меркурий (м)	[merkúrij]
Urano (m)	Уран (м)	[urán]
Netuno (m)	Нептун (м)	[neptún]
Plutão (m)	Плутон (м)	[plutón]
Via Láctea (f)	Млечный Путь (м)	[mlétʃnij pútʲ]
Ursa Maior (f)	Большая Медведица (ж)	[bolʲʃája medvéditsa]
Estrela Polar (f)	Полярная Звезда (ж)	[polʲárnaja zvezdá]
marciano (m)	марсианин (м)	[marsiánin]

extraterrestre (m)	инопланетянин (м)	[inɔplanetʲánin]
alienígena (m)	пришелец (м)	[priʃǽleʦ]
disco (m) voador	летающая тарелка (ж)	[letájuʃʲaja tarélka]
espaçonave (f)	космический корабль (м)	[kɔsmítʃeskij kɔráblʲ]
estação (f) orbital	орбитальная станция (ж)	[ɔrbitálʲnaja stántsija]
lançamento (m)	старт (м)	[stárt]
motor (m)	двигатель (м)	[dvígatelʲ]
bocal (m)	сопло (с)	[sɔpló]
combustível (m)	топливо (с)	[tóplivɔ]
cabine (f)	кабина (ж)	[kabína]
antena (f)	антенна (ж)	[antǽna]
vigia (f)	иллюминатор (м)	[ilʲuminátɔr]
bateria (f) solar	солнечная батарея (ж)	[sólnetʃnaja bataréja]
traje (m) espacial	скафандр (м)	[skafándr]
imponderabilidade (f)	невесомость (ж)	[nevesómɔstʲ]
oxigênio (m)	кислород (м)	[kislɔród]
acoplagem (f)	стыковка (ж)	[stɨkófka]
fazer uma acoplagem	производить стыковку	[prɔizvɔdítʲ stɨkófku]
observatório (m)	обсерватория (ж)	[ɔpservatórija]
telescópio (m)	телескоп (м)	[teleskóp]
observar (vt)	наблюдать (нсв, нпх)	[nablʲudátʲ]
explorar (vt)	исследовать (н/св, пх)	[islédɔvatʲ]

165. A Terra

Terra (f)	Земля (ж)	[zemlʲá]
globo terrestre (Terra)	земной шар (м)	[zemnój ʃár]
planeta (m)	планета (ж)	[planéta]
atmosfera (f)	атмосфера (ж)	[atmɔsféra]
geografia (f)	география (ж)	[geɔgráfija]
natureza (f)	природа (ж)	[priróda]
globo (mapa esférico)	глобус (м)	[glóbus]
mapa (m)	карта (ж)	[kárta]
atlas (m)	атлас (м)	[átlas]
Europa (f)	Европа (ж)	[evrópa]
Ásia (f)	Азия (ж)	[ázija]
África (f)	Африка (ж)	[áfrika]
Austrália (f)	Австралия (ж)	[afstrálija]
América (f)	Америка (ж)	[amérika]
América (f) do Norte	Северная Америка (ж)	[sévernaja amérika]
América (f) do Sul	Южная Америка (ж)	[júʒnaja amérika]
Antártida (f)	Антарктида (ж)	[antarktída]
Ártico (m)	Арктика (ж)	[árktika]

166. Pontos cardeais

norte (m)	север (м)	[séver]
para norte	на север	[na séver]
no norte	на севере	[na sévere]
do norte (adj)	северный	[sévernij]
sul (m)	юг (м)	[júg]
para sul	на юг	[na júg]
no sul	на юге	[na júge]
do sul (adj)	южный	[júʒnij]
oeste, ocidente (m)	запад (м)	[západ]
para oeste	на запад	[na západ]
no oeste	на западе	[na západe]
ocidental (adj)	западный	[západnij]
leste, oriente (m)	восток (м)	[vɔstók]
para leste	на восток	[na vɔstók]
no leste	на востоке	[na vɔstóke]
oriental (adj)	восточный	[vɔstótʃnij]

167. Mar. Oceano

mar (m)	море (с)	[móre]
oceano (m)	океан (м)	[ɔkeán]
golfo (m)	залив (м)	[zalíf]
estreito (m)	пролив (м)	[prɔlíf]
terra (f) firme	земля (ж), суша (ж)	[zemlʲá], [súʃa]
continente (m)	материк (м)	[materík]
ilha (f)	остров (м)	[óstrɔf]
península (f)	полуостров (м)	[pɔlu·óstrɔf]
arquipélago (m)	архипелаг (м)	[arhipelág]
baía (f)	бухта (ж)	[búhta]
porto (m)	гавань (ж)	[gávanʲ]
lagoa (f)	лагуна (ж)	[lagúna]
cabo (m)	мыс (м)	[mɨ̄s]
atol (m)	атолл (м)	[atól]
recife (m)	риф (м)	[ríf]
coral (m)	коралл (м)	[kɔrál]
recife (m) de coral	коралловый риф (м)	[kɔrálɔvij ríf]
profundo (adj)	глубокий	[glubókij]
profundidade (f)	глубина (ж)	[glubiná]
abismo (m)	бездна (ж)	[bézdna]
fossa (f) oceânica	впадина (ж)	[fpádina]
corrente (f)	течение (с)	[tetʃénie]
banhar (vt)	омывать (нсв, пх)	[ɔmivátʲ]
litoral (m)	побережье (с)	[pɔberéʒje]

costa (f)	берег (м)	[béreg]
maré (f) alta	прилив (м)	[prilíf]
refluxo (m)	отлив (м)	[otlíf]
restinga (f)	отмель (ж)	[ótmelʲ]
fundo (m)	дно (с)	[dnó]

onda (f)	волна (ж)	[vɔlná]
crista (f) da onda	гребень (м) волны	[grébenʲ vɔlnī]
espuma (f)	пена (ж)	[péna]

tempestade (f)	буря (ж)	[búrʲa]
furacão (m)	ураган (м)	[uragán]
tsunami (m)	цунами (с)	[tsunámi]
calmaria (f)	штиль (м)	[ʃtílʲ]
calmo (adj)	спокойный	[spɔkójnij]

| polo (m) | полюс (м) | [pólʲus] |
| polar (adj) | полярный | [pɔlʲárnij] |

latitude (f)	широта (ж)	[ʃirɔtá]
longitude (f)	долгота (ж)	[dɔlgɔtá]
paralela (f)	параллель (ж)	[paralélʲ]
equador (m)	экватор (м)	[ɛkvátɔr]

céu (m)	небо (с)	[nébɔ]
horizonte (m)	горизонт (м)	[gɔrizónt]
ar (m)	воздух (м)	[vózduh]

farol (m)	маяк (м)	[maják]
mergulhar (vi)	нырять (нсв, нпх)	[nirʲátʲ]
afundar-se (vr)	затонуть (св, нпх)	[zatɔnútʲ]
tesouros (m pl)	сокровища (мн)	[sɔkróviʃa]

168. Montanhas

montanha (f)	гора (ж)	[gɔrá]
cordilheira (f)	горная цепь (ж)	[górnaja tsæpʲ]
serra (f)	горный хребет (м)	[górnij hrebét]

cume (m)	вершина (ж)	[verʃīna]
pico (m)	пик (м)	[pík]
pé (m)	подножие (с)	[pɔdnóʒie]
declive (m)	склон (м)	[sklón]

vulcão (m)	вулкан (м)	[vulkán]
vulcão (m) ativo	действующий вулкан (м)	[déjstvujuʃij vulkán]
vulcão (m) extinto	потухший вулкан (м)	[pɔtúhʃij vulkán]

erupção (f)	извержение (с)	[izverʒǽnie]
cratera (f)	кратер (м)	[krátɛr]
magma (m)	магма (ж)	[mágma]
lava (f)	лава (ж)	[láva]
fundido (lava ~a)	раскалённый	[raskalɵnnij]
cânion, desfiladeiro (m)	каньон (м)	[kanjón]

| garganta (f) | ущелье (c) | [uʃélje] |
| fenda (f) | расщелина (ж) | [raʃélina] |

passo, colo (m)	перевал (м)	[perevál]
planalto (m)	плато (c)	[plató]
falésia (f)	скала (ж)	[skalá]
colina (f)	холм (м)	[hólm]

geleira (f)	ледник (м)	[lerdník]
cachoeira (f)	водопад (м)	[vɔdɔpád]
gêiser (m)	гейзер (м)	[géjzer]
lago (m)	озеро (c)	[ózerɔ]

planície (f)	равнина (ж)	[ravnína]
paisagem (f)	пейзаж (м)	[pejzáʃ]
eco (m)	эхо (c)	[ǽhɔ]

alpinista (m)	альпинист (м)	[alʲpiníst]
escalador (m)	скалолаз (м)	[skalɔlás]
conquistar (vt)	покорять (нсв, пх)	[pɔkɔrʲátʲ]
subida, escalada (f)	восхождение (c)	[vɔsxɔʒdénie]

169. Rios

rio (m)	река (ж)	[reká]
fonte, nascente (f)	источник (м)	[istótʃnik]
leito (m) de rio	русло (c)	[rúslɔ]
bacia (f)	бассейн (м)	[basǽjn]
desaguar no ...	впадать в ... (нсв)	[fpadátʲ f ...]

| afluente (m) | приток (м) | [pritók] |
| margem (do rio) | берег (м) | [béreg] |

corrente (f)	течение (c)	[tetʃénie]
rio abaixo	вниз по течению	[vnís pɔ tetʃéniju]
rio acima	вверх по течению	[vvérh pɔ tetʃéniju]

inundação (f)	наводнение (c)	[navɔdnénie]
cheia (f)	половодье (c)	[pɔlɔvódje]
transbordar (vi)	разливаться (нсв, возв)	[razlivátsa]
inundar (vt)	затоплять (нсв, пх)	[zatɔplʲátʲ]

| banco (m) de areia | мель (ж) | [mélʲ] |
| corredeira (f) | порог (м) | [pɔróg] |

barragem (f)	плотина (ж)	[plɔtína]
canal (m)	канал (м)	[kanál]
reservatório (m) de água	водохранилище (c)	[vódɔ·hraníliʃe]
eclusa (f)	шлюз (м)	[ʃlʲús]

corpo (m) de água	водоём (м)	[vɔdɔjóm]
pântano (m)	болото (c)	[bɔlótɔ]
lamaçal (m)	трясина (ж)	[trɪsína]
redemoinho (m)	водоворот (м)	[vɔdɔvɔrót]

riacho (m)	ручей (м)	[ruʧéj]
potável (adj)	питьевой	[pitjevój]
doce (água)	пресный	[présnij]

| gelo (m) | лёд (м) | [lǿd] |
| congelar-se (vr) | замёрзнуть (св, нпх) | [zamǿrznutʲ] |

170. Floresta

| floresta (f), bosque (m) | лес (м) | [lés] |
| florestal (adj) | лесной | [lesnój] |

mata (f) fechada	чаща (ж)	[ʧáʃa]
arvoredo (m)	роща (ж)	[róʃa]
clareira (f)	поляна (ж)	[polʲána]

| matagal (m) | заросли (мн) | [zárɔsli] |
| mato (m), caatinga (f) | кустарник (м) | [kustárnik] |

| pequena trilha (f) | тропинка (ж) | [trɔpínka] |
| ravina (f) | овраг (м) | [ɔvrág] |

árvore (f)	дерево (с)	[dérevɔ]
folha (f)	лист (м)	[líst]
folhagem (f)	листва (ж)	[listvá]

queda (f) das folhas	листопад (м)	[listɔpád]
cair (vi)	опадать (нсв, нпх)	[ɔpadátʲ]
topo (m)	верхушка (ж)	[verhúʃka]

ramo (m)	ветка (ж)	[vétka]
galho (m)	сук (м)	[súk]
botão (m)	почка (ж)	[póʧka]
agulha (f)	игла (ж)	[iglá]
pinha (f)	шишка (ж)	[ʃíʃka]

buraco (m) de árvore	дупло (с)	[dupló]
ninho (m)	гнездо (с)	[gnezdó]
toca (f)	нора (ж)	[nɔrá]

tronco (m)	ствол (м)	[stvól]
raiz (f)	корень (м)	[kórenʲ]
casca (f) de árvore	кора (ж)	[kɔrá]
musgo (m)	мох (м)	[móh]

arrancar pela raiz	корчевать (нсв, пх)	[kɔrʧevátʲ]
cortar (vt)	рубить (нсв, пх)	[rubítʲ]
desflorestar (vt)	вырубать лес	[virubátʲ lʲés]
toco, cepo (m)	пень (м)	[pénʲ]

fogueira (f)	костёр (м)	[kɔstǿr]
incêndio (m) florestal	пожар (м)	[pɔʒár]
apagar (vt)	тушить (нсв, пх)	[tuʃítʲ]
guarda-parque (m)	лесник (м)	[lesník]

proteção (f)	охрана (ж)	[ɔhrána]
proteger (a natureza)	охранять (нсв, пх)	[ɔhranʲátʲ]
caçador (m) furtivo	браконьер (м)	[brakɔnjér]
armadilha (f)	капкан (м)	[kapkán]

| colher (cogumelos, bagas) | собирать (нсв, пх) | [sɔbirátʲ] |
| perder-se (vr) | заблудиться (св, возв) | [zabludítsa] |

171. Recursos naturais

recursos (m pl) naturais	природные ресурсы (м мн)	[priródnie resúrsi]
minerais (m pl)	полезные ископаемые (с мн)	[poléznie iskɔpáemie]
depósitos (m pl)	залежи (мн)	[zále3i]
jazida (f)	месторождение (с)	[mestɔrɔ3dénie]

extrair (vt)	добывать (нсв, пх)	[dɔbivátʲ]
extração (f)	добыча (ж)	[dɔbīʧa]
minério (m)	руда (ж)	[rudá]
mina (f)	рудник (м)	[rudník]
poço (m) de mina	шахта (ж)	[ʃáhta]
mineiro (m)	шахтёр (м)	[ʃahtȯr]

| gás (m) | газ (м) | [gás] |
| gasoduto (m) | газопровод (м) | [gazɔ·prɔvód] |

petróleo (m)	нефть (ж)	[néftʲ]
oleoduto (m)	нефтепровод (м)	[nefte·prɔvód]
poço (m) de petróleo	нефтяная вышка (ж)	[neftınája vīʃka]
torre (f) petrolífera	буровая вышка (ж)	[burɔvája vīʃka]
petroleiro (m)	танкер (м)	[tánker]

areia (f)	песок (м)	[pesók]
calcário (m)	известняк (м)	[izvesnʲák]
cascalho (m)	гравий (м)	[grávij]
turfa (f)	торф (м)	[tórf]
argila (f)	глина (ж)	[glína]
carvão (m)	уголь (м)	[úgɔlʲ]

ferro (m)	железо (с)	[3elézɔ]
ouro (m)	золото (с)	[zólɔtɔ]
prata (f)	серебро (с)	[serebró]
níquel (m)	никель (м)	[níkelʲ]
cobre (m)	медь (ж)	[métʲ]

zinco (m)	цинк (м)	[ʦīnk]
manganês (m)	марганец (м)	[márganeʦ]
mercúrio (m)	ртуть (ж)	[rtútʲ]
chumbo (m)	свинец (м)	[svinéʦ]

mineral (m)	минерал (м)	[minerál]
cristal (m)	кристалл (м)	[kristál]
mármore (m)	мрамор (м)	[mrámɔr]
urânio (m)	уран (м)	[urán]

A Terra. Parte 2

tempo (m)	погода (ж)	[pɔgóda]
previsão (f) do tempo	прогноз (м) погоды	[prɔgnós pɔgódi]
temperatura (f)	температура (ж)	[temperatúra]
termômetro (m)	термометр (м)	[termómetr]
barômetro (m)	барометр (м)	[barómetr]
úmido (adj)	влажный	[vlázɲij]
umidade (f)	влажность (ж)	[vlázɲəstʲ]
calor (m)	жара (ж)	[ʒará]
tórrido (adj)	жаркий	[ʒárkij]
está muito calor	жарко	[ʒárkɔ]
está calor	тепло	[tepló]
quente (morno)	тёплый	[tɵ́plij]
está frio	холодно	[hólɔdnɔ]
frio (adj)	холодный	[hɔlódnij]
sol (m)	солнце (с)	[sóntse]
brilhar (vi)	светить (нсв, нпх)	[svetítʲ]
de sol, ensolarado	солнечный	[sólnetʃnij]
nascer (vi)	взойти (св, нпх)	[vzɔjtí]
pôr-se (vr)	сесть (св, нпх)	[séstʲ]
nuvem (f)	облако (с)	[óblakɔ]
nublado (adj)	облачный	[óblatʃnij]
nuvem (f) preta	туча (ж)	[túʧa]
escuro, cinzento (adj)	пасмурный	[pásmurnij]
chuva (f)	дождь (м)	[dóʃtʲ], [dóʃ]
está a chover	идёт дождь	[idɵt dóʃtʲ]
chuvoso (adj)	дождливый	[dɔʒdlívij]
chuviscar (vi)	моросить (нсв, нпх)	[mɔrɔsítʲ]
chuva (f) torrencial	проливной дождь (м)	[prɔlivnój dóʃtʲ]
aguaceiro (m)	ливень (м)	[lívenʲ]
forte (chuva, etc.)	сильный	[sílʲnij]
poça (f)	лужа (ж)	[lúʒa]
molhar-se (vr)	промокнуть (св, нпх)	[prɔmóknutʲ]
nevoeiro (m)	туман (м)	[tumán]
de nevoeiro	туманный	[tumánnij]
neve (f)	снег (м)	[snég]
está nevando	идёт снег	[idɵt snég]

173. Tempo extremo. Catástrofes naturais

trovoada (f)	гроза (ж)	[grozá]
relâmpago (m)	молния (ж)	[mólnija]
relampejar (vi)	сверкать (нсв, нпх)	[sverkátʲ]
trovão (m)	гром (м)	[gróm]
trovejar (vi)	греметь (нсв, нпх)	[gremétʲ]
está trovejando	гремит гром	[gremít gróm]
granizo (m)	град (м)	[grád]
está caindo granizo	идёт град	[idǿt grád]
inundar (vt)	затопить (св, пх)	[zatopítʲ]
inundação (f)	наводнение (с)	[navodnénie]
terremoto (m)	землетрясение (с)	[zemletrısénie]
abalo, tremor (m)	толчок (м)	[toltʃók]
epicentro (m)	эпицентр (м)	[ɛpitsǽntr]
erupção (f)	извержение (с)	[izverʒǽnie]
lava (f)	лава (ж)	[láva]
tornado (m)	смерч (м)	[smértʃ]
tornado (m)	торнадо (м)	[tornádo]
tufão (m)	тайфун (м)	[tajfún]
furacão (m)	ураган (м)	[uragán]
tempestade (f)	буря (ж)	[búrʲa]
tsunami (m)	цунами (с)	[tsunámi]
ciclone (m)	циклон (м)	[tsiklón]
mau tempo (m)	непогода (ж)	[nepogóda]
incêndio (m)	пожар (м)	[poʒár]
catástrofe (f)	катастрофа (ж)	[katastrófa]
meteorito (m)	метеорит (м)	[meteorít]
avalanche (f)	лавина (ж)	[lavína]
deslizamento (m) de neve	обвал (м)	[obvál]
nevasca (f)	метель (ж)	[metélʲ]
tempestade (f) de neve	вьюга (ж)	[vjúga]

Fauna

predador (m)	хищник (м)	[híʃnik]
tigre (m)	тигр (м)	[tígr]
leão (m)	лев (м)	[léf]
lobo (m)	волк (м)	[vólk]
raposa (f)	лиса (ж)	[lisá]
jaguar (m)	ягуар (м)	[jɪguár]
leopardo (m)	леопард (м)	[leɔpárd]
chita (f)	гепард (м)	[gepárd]
pantera (f)	пантера (ж)	[pantǽra]
puma (m)	пума (ж)	[púma]
leopardo-das-neves (m)	снежный барс (м)	[snéʒnij bárs]
lince (m)	рысь (ж)	[rīsʲ]
coiote (m)	койот (м)	[kɔjót]
chacal (m)	шакал (м)	[ʃakál]
hiena (f)	гиена (ж)	[giéna]

animal (m)	животное (с)	[ʒivótnɔe]
besta (f)	зверь (м)	[zvérʲ]
esquilo (m)	белка (ж)	[bélka]
ouriço (m)	ёж (м)	[jóʃ]
lebre (f)	заяц (м)	[záɪts]
coelho (m)	кролик (м)	[królik]
texugo (m)	барсук (м)	[barsúk]
guaxinim (m)	енот (м)	[enót]
hamster (m)	хомяк (м)	[hɔmʲák]
marmota (f)	сурок (м)	[surók]
toupeira (f)	крот (м)	[krót]
rato (m)	мышь (ж)	[mīʃ]
ratazana (f)	крыса (ж)	[krīsa]
morcego (m)	летучая мышь (ж)	[letútʃaja mīʃ]
arminho (m)	горностай (м)	[gɔrnɔstáj]
zibelina (f)	соболь (м)	[sóbɔlʲ]
marta (f)	куница (ж)	[kunítsa]
doninha (f)	ласка (ж)	[láska]
visom (m)	норка (ж)	[nórka]

| castor (m) | бобр (м) | [bóbr] |
| lontra (f) | выдра (ж) | [vĩdra] |

cavalo (m)	лошадь (ж)	[lóʃatʲ]
alce (m)	лось (м)	[lósʲ]
veado (m)	олень (м)	[ɔlénʲ]
camelo (m)	верблюд (м)	[verblʲúd]

bisão (m)	бизон (м)	[bizón]
auroque (m)	зубр (м)	[zúbr]
búfalo (m)	буйвол (м)	[bújvɔl]

zebra (f)	зебра (ж)	[zébra]
antílope (m)	антилопа (ж)	[antilópa]
corça (f)	косуля (ж)	[kɔsúlʲa]
gamo (m)	лань (ж)	[lánʲ]
camurça (f)	серна (ж)	[sérna]
javali (m)	кабан (м)	[kabán]

baleia (f)	кит (м)	[kít]
foca (f)	тюлень (м)	[tʲulénʲ]
morsa (f)	морж (м)	[mórʃ]
urso-marinho (m)	котик (м)	[kótik]
golfinho (m)	дельфин (м)	[delʲfín]

urso (m)	медведь (м)	[medvétʲ]
urso (m) polar	белый медведь (м)	[bélij medvétʲ]
panda (m)	панда (ж)	[pánda]

macaco (m)	обезьяна (ж)	[ɔbezjána]
chimpanzé (m)	шимпанзе (с)	[ʃimpanzǽ]
orangotango (m)	орангутанг (м)	[ɔrangutáng]
gorila (m)	горилла (ж)	[gɔríla]
macaco (m)	макака (ж)	[makáka]
gibão (m)	гиббон (м)	[gibón]

elefante (m)	слон (м)	[slón]
rinoceronte (m)	носорог (м)	[nɔsɔróg]
girafa (f)	жираф (м)	[ʒiráf]
hipopótamo (m)	бегемот (м)	[begemót]

| canguru (m) | кенгуру (м) | [kengurú] |
| coala (m) | коала (ж) | [kɔála] |

mangusto (m)	мангуст (м)	[mangúst]
chinchila (f)	шиншилла (ж)	[ʃinʃíla]
cangambá (f)	скунс (м)	[skúns]
porco-espinho (m)	дикобраз (м)	[dikɔbrás]

176. Animais domésticos

gata (f)	кошка (ж)	[kóʃka]
gato (m) macho	кот (м)	[kót]
cavalo (m)	лошадь (ж)	[lóʃatʲ]

| garanhão (m) | жеребец (м) | [ʒerebéts] |
| égua (f) | кобыла (ж) | [kɔbĭla] |

vaca (f)	корова (ж)	[kɔróva]
touro (m)	бык (м)	[bĭk]
boi (m)	вол (м)	[vól]

ovelha (f)	овца (ж)	[ɔftsá]
carneiro (m)	баран (м)	[barán]
cabra (f)	коза (ж)	[kɔzá]
bode (m)	козёл (м)	[kɔzǿl]

| burro (m) | осёл (м) | [ɔsǿl] |
| mula (f) | мул (м) | [múl] |

porco (m)	свинья (ж)	[svinjá]
leitão (m)	поросёнок (м)	[pɔrɔsǿnɔk]
coelho (m)	кролик (м)	[królik]

| galinha (f) | курица (ж) | [kúritsa] |
| galo (m) | петух (м) | [petúh] |

pata (f), pato (m)	утка (ж)	[útka]
pato (m)	селезень (м)	[sélezenʲ]
ganso (m)	гусь (м)	[gúsʲ]

| peru (m) | индюк (м) | [indʲúk] |
| perua (f) | индюшка (ж) | [indʲúʃka] |

animais (m pl) domésticos	домашние животные (с мн)	[dɔmáʃnie ʒivótnie]
domesticado (adj)	ручной	[rutʃnój]
domesticar (vt)	приручать (нсв, пх)	[prirutʃátʲ]
criar (vt)	выращивать (нсв, пх)	[vɨráʃivatʲ]

fazenda (f)	ферма (ж)	[férma]
aves (f pl) domésticas	домашняя птица (ж)	[dɔmáʃnʲaja ptítsa]
gado (m)	скот (м)	[skót]
rebanho (m), manada (f)	стадо (с)	[stádɔ]

estábulo (m)	конюшня (ж)	[kɔnʲúʃnʲa]
chiqueiro (m)	свинарник (м)	[svinárnik]
estábulo (m)	коровник (м)	[kɔróvnik]
coelheira (f)	крольчатник (м)	[krɔlʲtʃátnik]
galinheiro (m)	курятник (м)	[kurʲátnik]

177. Cães. Raças de cães

cão (m)	собака (ж)	[sɔbáka]
cão pastor (m)	овчарка (ж)	[ɔftʃárka]
pastor-alemão (m)	немецкая овчарка (ж)	[nemétskaja ɔftʃárka]
poodle (m)	пудель (м)	[púdelʲ]
linguicinha (m)	такса (ж)	[táksa]
buldogue (m)	бульдог (м)	[bulʲdóg]
boxer (m)	боксёр (м)	[bɔksǿr]

mastim (m)	мастиф (м)	[mastíf]
rottweiler (m)	ротвейлер (м)	[rɔtvéjler]
dóberman (m)	доберман (м)	[dɔbermán]

basset (m)	бассет (м)	[bássɛt]
pastor inglês (m)	бобтейл (м)	[bɔptǽjl]
dálmata (m)	далматинец (м)	[dalmatínets]
cocker spaniel (m)	кокер-спаниель (м)	[kóker-spaniélʲ]

| terra-nova (m) | ньюфаундленд (м) | [njufáundlend] |
| são-bernardo (m) | сенбернар (м) | [senbernár] |

husky (m) siberiano	хаски (м)	[háski]
Chow-chow (m)	чау-чау (м)	[tʃáu-tʃáu]
spitz alemão (m)	шпиц (м)	[ʃpíts]
pug (m)	мопс (м)	[móps]

178. Sons produzidos pelos animais

latido (m)	лай (м)	[láj]
latir (vi)	лаять (нсв, нпх)	[lájɪtʲ]
miar (vi)	мяукать (нсв, нпх)	[mɪúkatʲ]
ronronar (vi)	мурлыкать (нсв, нпх)	[murlīkatʲ]

mugir (vaca)	мычать (нсв, нпх)	[mitʃátʲ]
bramir (touro)	реветь (нсв, нпх)	[revétʲ]
rosnar (vi)	рычать (нсв, нпх)	[ritʃátʲ]

uivo (m)	вой (м)	[vój]
uivar (vi)	выть (нсв, нпх)	[vītʲ]
ganir (vi)	скулить (нсв, нпх)	[skulítʲ]

balir (vi)	блеять (нсв, нпх)	[bléjatʲ]
grunhir (vi)	хрюкать (нсв, нпх)	[hrʲúkatʲ]
guinchar (vi)	визжать (нсв, нпх)	[viʒʒátʲ]

coaxar (sapo)	квакать (нсв, нпх)	[kvákatʲ]
zumbir (inseto)	жужжать (нсв, нпх)	[ʒuʒʒátʲ]
ziziar (vi)	стрекотать (нсв, нпх)	[strekɔtátʲ]

179. Pássaros

pássaro (m), ave (f)	птица (ж)	[ptítsa]
pombo (m)	голубь (м)	[gólupʲ]
pardal (m)	воробей (м)	[vɔrɔbéj]
chapim-real (m)	синица (ж)	[sinítsa]
pega-rabuda (f)	сорока (ж)	[sɔróka]

corvo (m)	ворон (м)	[vórɔn]
gralha-cinzenta (f)	ворона (ж)	[vɔróna]
gralha-de-nuca-cinzenta (f)	галка (ж)	[gálka]
gralha-calva (f)	грач (м)	[grátʃ]

pato (m)	утка (ж)	[útka]
ganso (m)	гусь (м)	[gúsʲ]
faisão (m)	фазан (м)	[fazán]

águia (f)	орёл (м)	[ɔrǿl]
açor (m)	ястреб (м)	[jástreb]
falcão (m)	сокол (м)	[sókɔl]
abutre (m)	гриф (м)	[gríf]
condor (m)	кондор (м)	[kóndɔr]

cisne (m)	лебедь (м)	[lébetʲ]
grou (m)	журавль (м)	[ʒurávlʲ]
cegonha (f)	аист (м)	[áist]
papagaio (m)	попугай (м)	[pɔpugáj]
beija-flor (m)	колибри (ж)	[kɔlíbri]
pavão (m)	павлин (м)	[pavlín]

avestruz (m)	страус (м)	[stráus]
garça (f)	цапля (ж)	[tsáplʲa]
flamingo (m)	фламинго (с)	[flamíngɔ]
pelicano (m)	пеликан (м)	[pelikán]

rouxinol (m)	соловей (м)	[sɔlɔvéj]
andorinha (f)	ласточка (ж)	[lástɔtʃka]
tordo-zornal (m)	дрозд (м)	[drózd]
tordo-músico (m)	певчий дрозд (м)	[péftʃij drózd]
melro-preto (m)	чёрный дрозд (м)	[tʃórnij drózd]

andorinhão (m)	стриж (м)	[stríʃ]
cotovia (f)	жаворонок (м)	[ʒávɔrɔnɔk]
codorna (f)	перепел (м)	[pérepel]

pica-pau (m)	дятел (м)	[dʲátel]
cuco (m)	кукушка (ж)	[kukúʃka]
coruja (f)	сова (ж)	[sɔvá]
bufo-real (m)	филин (м)	[fílin]
tetraz-grande (m)	глухарь (м)	[gluhárʲ]
tetraz-lira (m)	тетерев (м)	[téteref]
perdiz-cinzenta (f)	куропатка (ж)	[kurɔpátka]

estorninho (m)	скворец (м)	[skvɔréts]
canário (m)	канарейка (ж)	[kanaréjka]
galinha-do-mato (f)	рябчик (м)	[rʲáptʃik]
tentilhão (m)	зяблик (м)	[zʲáblik]
dom-fafe (m)	снегирь (м)	[snegírʲ]

gaivota (f)	чайка (ж)	[tʃájka]
albatroz (m)	альбатрос (м)	[alʲbatrós]
pinguim (m)	пингвин (м)	[pingvín]

180. Pássaros. Canto e sons

| cantar (vi) | петь (нсв, н/пх) | [pétʲ] |
| gritar, chamar (vi) | кричать (нсв, нпх) | [kritʃátʲ] |

| cantar (o galo) | кукарекать (нсв, нпх) | [kukarékatʲ] |
| cocorocó (m) | кукареку (с) | [kukarekú] |

cacarejar (vi)	кудахтать (нсв, нпх)	[kudáhtatʲ]
crocitar (vi)	каркать (нсв, нпх)	[kárkatʲ]
grasnar (vi)	крякать (нсв, нпх)	[krʲákatʲ]
piar (vi)	пищать (нсв, нпх)	[piʃátʲ]
chilrear, gorjear (vi)	чирикать (нсв, нпх)	[tʃiríkatʲ]

181. Peixes. Animais marinhos

brema (f)	лещ (м)	[léʃ]
carpa (f)	карп (м)	[kárp]
perca (f)	окунь (м)	[ókunʲ]
siluro (m)	сом (м)	[sóm]
lúcio (m)	щука (ж)	[ʃúka]

| salmão (m) | лосось (м) | [lɔsósʲ] |
| esturjão (m) | осётр (м) | [ɔsøtr] |

| arenque (m) | сельдь (ж) | [sélʲtʲ] |
| salmão (m) do Atlântico | сёмга (ж) | [sømga] |

| cavala, sarda (f) | скумбрия (ж) | [skúmbrija] |
| solha (f), linguado (m) | камбала (ж) | [kámbala] |

| lúcio perca (m) | судак (м) | [sudák] |
| bacalhau (m) | треска (ж) | [treská] |

| atum (m) | тунец (м) | [tunéts] |
| truta (f) | форель (ж) | [fɔrǽlʲ] |

| enguia (f) | угорь (м) | [úgɔrʲ] |
| raia (f) elétrica | электрический скат (м) | [ɛlektrítʃeskij skát] |

| moreia (f) | мурена (ж) | [muréna] |
| piranha (f) | пиранья (ж) | [piránja] |

tubarão (m)	акула (ж)	[akúla]
golfinho (m)	дельфин (м)	[delʲfín]
baleia (f)	кит (м)	[kít]

caranguejo (m)	краб (м)	[kráb]
água-viva (f)	медуза (ж)	[medúza]
polvo (m)	осьминог (м)	[ɔsʲminóg]

estrela-do-mar (f)	морская звезда (ж)	[mɔrskája zvezdá]
ouriço-do-mar (m)	морской ёж (м)	[mɔrskój jóʃ]
cavalo-marinho (m)	морской конёк (м)	[mɔrskój kɔnøk]

ostra (f)	устрица (ж)	[ústritsa]
camarão (m)	креветка (ж)	[krevétka]
lagosta (f)	омар (м)	[ɔmár]
lagosta (f)	лангуст (м)	[langúst]

182. Anfíbios. Répteis

cobra (f)	змея (ж)	[zmejá]
venenoso (adj)	ядовитый	[jɪdɔvítɪj]
víbora (f)	гадюка (ж)	[gadʲúka]
naja (f)	кобра (ж)	[kóbra]
píton (m)	питон (м)	[pitón]
jiboia (f)	удав (м)	[udáf]
cobra-de-água (f)	уж (м)	[úʃ]
cascavel (f)	гремучая змея (ж)	[gremútʃaja zmejá]
anaconda (f)	анаконда (ж)	[anakónda]
lagarto (m)	ящерица (ж)	[jáʃeritsa]
iguana (f)	игуана (ж)	[iguána]
varano (m)	варан (м)	[varán]
salamandra (f)	саламандра (ж)	[salamándra]
camaleão (m)	хамелеон (м)	[hameleón]
escorpião (m)	скорпион (м)	[skɔrpión]
tartaruga (f)	черепаха (ж)	[tʃerepáha]
rã (f)	лягушка (ж)	[lɪgúʃka]
sapo (m)	жаба (ж)	[ʒába]
crocodilo (m)	крокодил (м)	[krɔkɔdíl]

183. Insetos

inseto (m)	насекомое (с)	[nasekómɔe]
borboleta (f)	бабочка (ж)	[bábɔtʃka]
formiga (f)	муравей (м)	[muravéj]
mosca (f)	муха (ж)	[múha]
mosquito (m)	комар (м)	[kɔmár]
escaravelho (m)	жук (м)	[ʒúk]
vespa (f)	оса (ж)	[ɔsá]
abelha (f)	пчела (ж)	[ptʃelá]
mamangaba (f)	шмель (м)	[ʃmélʲ]
moscardo (m)	овод (м)	[óvɔd]
aranha (f)	паук (м)	[paúk]
teia (f) de aranha	паутина (ж)	[pautína]
libélula (f)	стрекоза (ж)	[strekɔzá]
gafanhoto (m)	кузнечик (м)	[kuznétʃik]
traça (f)	мотылёк (м)	[mɔtilók]
barata (f)	таракан (м)	[tarakán]
carrapato (m)	клещ (м)	[kléʃ]
pulga (f)	блоха (ж)	[blɔhá]
borrachudo (m)	мошка (ж)	[móʃka]
gafanhoto (m)	саранча (ж)	[sarantʃá]
caracol (m)	улитка (ж)	[ulítka]

grilo (m)	сверчок (м)	[svertʃók]
pirilampo, vaga-lume (m)	светлячок (м)	[svetlitʃók]
joaninha (f)	божья коровка (ж)	[bóʒja kɔrófka]
besouro (m)	майский жук (м)	[májskij ʒúk]

sanguessuga (f)	пиявка (ж)	[pijáfka]
lagarta (f)	гусеница (ж)	[gúsenitsa]
minhoca (f)	червь (м)	[tʃérfʲ]
larva (f)	личинка (ж)	[litʃínka]

184. Animais. Partes do corpo

bico (m)	клюв (м)	[klʲúf]
asas (f pl)	крылья (с мн)	[krílja]
pata (f)	лапа (ж)	[lápa]
plumagem (f)	оперение (с)	[ɔperénie]
pena, pluma (f)	перо (с)	[peró]
crista (f)	хохолок (м)	[hɔhɔlók]

brânquias, guelras (f pl)	жабры (мн)	[ʒábrɨ]
ovas (f pl)	икра (ж)	[ikrá]
larva (f)	личинка (ж)	[litʃínka]
barbatana (f)	плавник (м)	[plavník]
escama (f)	чешуя (ж)	[tʃeʃujá]

presa (f)	клык (м)	[klɨ́k]
pata (f)	лапа (ж)	[lápa]
focinho (m)	морда (ж)	[mórda]
boca (f)	пасть (ж)	[pástʲ]
cauda (f), rabo (m)	хвост (м)	[hvóst]
bigodes (m pl)	усы (м мн)	[usɨ́]

casco (m)	копыто (с)	[kɔpɨ́tɔ]
corno (m)	рог (м)	[róg]

carapaça (f)	панцирь (м)	[pántsirʲ]
concha (f)	ракушка (ж)	[rakúʃka]
casca (f) de ovo	скорлупа (ж)	[skɔrlupá]

pelo (m)	шерсть (ж)	[ʃǽrstʲ]
pele (f), couro (m)	шкура (ж)	[ʃkúra]

185. Animais. Habitats

hábitat (m)	среда (ж) обитания	[sredá ɔbitánija]
migração (f)	миграция (ж)	[migrátsija]

montanha (f)	гора (ж)	[gɔrá]
recife (m)	риф (м)	[ríf]
falésia (f)	скала (ж)	[skalá]
floresta (f)	лес (м)	[lés]
selva (f)	джунгли (мн)	[dʒúngli]

| savana (f) | саванна (ж) | [saván̦a] |
| tundra (f) | тундра (ж) | [túndra] |

estepe (f)	степь (ж)	[stépʲ]
deserto (m)	пустыня (ж)	[pustín̦ʲa]
oásis (m)	оазис (м)	[ɔázis]

mar (m)	море (c)	[móre]
lago (m)	озеро (c)	[ózerɔ]
oceano (m)	океан (м)	[ɔkeán]

pântano (m)	болото (c)	[bɔlótɔ]
de água doce	пресноводный	[presnɔvódnij]
lagoa (f)	пруд (м)	[prúd]
rio (m)	река (ж)	[reká]

toca (f) do urso	берлога (ж)	[berlóga]
ninho (m)	гнездо (c)	[gnezdó]
buraco (m) de árvore	дупло (c)	[dupló]
toca (f)	нора (ж)	[nɔrá]
formigueiro (m)	муравейник (м)	[muravéjnik]

Flora

árvore (f)	дерево (с)	[dérevɔ]
decídua (adj)	лиственное	[lístvenɔe]
conífera (adj)	хвойное	[hvójnɔe]
perene (adj)	вечнозелёное	[veʧnɔ·zelǿnɔe]

macieira (f)	яблоня (ж)	[jáblɔnʲa]
pereira (f)	груша (ж)	[grúʃa]
cerejeira (f)	черешня (ж)	[ʧeréʃnʲa]
ginjeira (f)	вишня (ж)	[víʃnʲa]
ameixeira (f)	слива (ж)	[slíva]

bétula (f)	берёза (ж)	[berǿza]
carvalho (m)	дуб (м)	[dúb]
tília (f)	липа (ж)	[lípa]
choupo-tremedor (m)	осина (ж)	[ɔsína]
bordo (m)	клён (м)	[klǿn]
espruce (m)	ель (ж)	[élʲ]
pinheiro (m)	сосна (ж)	[sɔsná]
alerce, lariço (m)	лиственница (ж)	[lístvenitsa]
abeto (m)	пихта (ж)	[píhta]
cedro (m)	кедр (м)	[kédr]

choupo, álamo (m)	тополь (м)	[tópɔlʲ]
tramazeira (f)	рябина (ж)	[rɪbína]
salgueiro (m)	ива (ж)	[íva]
amieiro (m)	ольха (ж)	[ɔlʲhá]
faia (f)	бук (м)	[búk]
ulmeiro, olmo (m)	вяз (м)	[vʲás]
freixo (m)	ясень (м)	[jásenʲ]
castanheiro (m)	каштан (м)	[kaʃtán]

magnólia (f)	магнолия (ж)	[magnólija]
palmeira (f)	пальма (ж)	[pálʲma]
cipreste (m)	кипарис (м)	[kiparís]

mangue (m)	мангровое дерево (с)	[mángrɔvɔe dérevɔ]
embondeiro, baobá (m)	баобаб (м)	[baɔbáb]
eucalipto (m)	эвкалипт (м)	[ɛfkalípt]
sequoia (f)	секвойя (ж)	[sekvója]

| arbusto (m) | куст (м) | [kúst] |
| arbusto (m), moita (f) | кустарник (м) | [kustárnik] |

| videira (f) | виноград (м) | [vinográd] |
| vinhedo (m) | виноградник (м) | [vinográdnik] |

framboeseira (f)	малина (ж)	[malína]
groselheira-negra (f)	чёрная смородина (ж)	[ʧórnaja smoródina]
groselheira-vermelha (f)	красная смородина (ж)	[krásnaja smoródina]
groselheira (f) espinhosa	крыжовник (м)	[kriʒóvnik]

acácia (f)	акация (ж)	[akátsija]
bérberis (f)	барбарис (м)	[barbarís]
jasmim (m)	жасмин (м)	[ʒasmín]

junípero (m)	можжевельник (м)	[moʒevélʲnik]
roseira (f)	розовый куст (м)	[rózovij kúst]
roseira (f) brava	шиповник (м)	[ʃipóvnik]

188. Cogumelos

cogumelo (m)	гриб (м)	[gríb]
cogumelo (m) comestível	съедобный гриб (м)	[sjedóbnij gríb]
cogumelo (m) venenoso	ядовитый гриб (м)	[jɪdovítij gríb]
chapéu (m)	шляпка (ж)	[ʃlʲápka]
pé, caule (m)	ножка (ж)	[nóʃka]

boleto, porcino (m)	белый гриб (м)	[bélij gríb]
boleto (m) alaranjado	подосиновик (м)	[podosínovik]
boleto (m) de bétula	подберёзовик (м)	[podberǿzovik]
cantarelo (m)	лисичка (ж)	[lisíʧka]
rússula (f)	сыроежка (ж)	[siroéʃka]

morchella (f)	сморчок (м)	[smorʧók]
agário-das-moscas (m)	мухомор (м)	[muhomór]
cicuta (f) verde	поганка (ж)	[pogánka]

189. Frutos. Bagas

maçã (f)	яблоко (c)	[jábloko]
pera (f)	груша (ж)	[grúʃa]
ameixa (f)	слива (ж)	[slíva]

morango (m)	клубника (ж)	[klubníka]
ginja (f)	вишня (ж)	[víʃnʲa]
cereja (f)	черешня (ж)	[ʧeréʃnʲa]
uva (f)	виноград (м)	[vinográd]

framboesa (f)	малина (ж)	[malína]
groselha (f) negra	чёрная смородина (ж)	[ʧórnaja smoródina]
groselha (f) vermelha	красная смородина (ж)	[krásnaja smoródina]
groselha (f) espinhosa	крыжовник (м)	[kriʒóvnik]
oxicoco (m)	клюква (ж)	[klʲúkva]
laranja (f)	апельсин (м)	[apelʲsín]
tangerina (f)	мандарин (м)	[mandarín]

abacaxi (m)	ананас (м)	[ananás]
banana (f)	банан (м)	[banán]
tâmara (f)	финик (м)	[fínik]

limão (m)	лимон (м)	[limón]
damasco (m)	абрикос (м)	[abrikós]
pêssego (m)	персик (м)	[pérsik]
quiuí (m)	киви (м)	[kívi]
toranja (f)	грейпфрут (м)	[gréjpfrut]

baga (f)	ягода (ж)	[jágɔda]
bagas (f pl)	ягоды (ж мн)	[jágɔdɨ]
arando (m) vermelho	брусника (ж)	[brusníka]
morango-silvestre (m)	земляника (ж)	[zemlɪníka]
mirtilo (m)	черника (ж)	[ʧerníka]

190. Flores. Plantas

| flor (f) | цветок (м) | [tsvetók] |
| buquê (m) de flores | букет (м) | [bukét] |

rosa (f)	роза (ж)	[róza]
tulipa (f)	тюльпан (м)	[tʲulʲpán]
cravo (m)	гвоздика (ж)	[gvɔzdíka]
gladíolo (m)	гладиолус (м)	[gladiólus]

centáurea (f)	василёк (м)	[vasilǿk]
campainha (f)	колокольчик (м)	[kɔlɔkólʲʧik]
dente-de-leão (m)	одуванчик (м)	[ɔduvánʧik]
camomila (f)	ромашка (ж)	[rɔmáʃka]

aloé (m)	алоэ (с)	[alóɛ]
cacto (m)	кактус (м)	[káktus]
fícus (m)	фикус (м)	[fíkus]

lírio (m)	лилия (ж)	[lílija]
gerânio (m)	герань (ж)	[geránʲ]
jacinto (m)	гиацинт (м)	[giatsīnt]

mimosa (f)	мимоза (ж)	[mimóza]
narciso (m)	нарцисс (м)	[nartsīs]
capuchinha (f)	настурция (ж)	[nastúrtsija]

orquídea (f)	орхидея (ж)	[ɔrhidéja]
peônia (f)	пион (м)	[pión]
violeta (f)	фиалка (ж)	[fiálka]

amor-perfeito (m)	анютины глазки (мн)	[anʲútinɨ gláski]
não-me-esqueças (m)	незабудка (ж)	[nezabútka]
margarida (f)	маргаритка (ж)	[margarítka]

papoula (f)	мак (м)	[mák]
cânhamo (m)	конопля (ж)	[kɔnɔplʲá]
hortelã, menta (f)	мята (ж)	[mʲáta]

| lírio-do-vale (m) | ландыш (м) | [lándiʃ] |
| campânula-branca (f) | подснежник (м) | [potsnéʒnik] |

urtiga (f)	крапива (ж)	[krapíva]
azedinha (f)	щавель (м)	[ʃʲavélʲ]
nenúfar (m)	кувшинка (ж)	[kufʃĩnka]
samambaia (f)	папоротник (м)	[páportnik]
líquen (m)	лишайник (м)	[liʃájnik]

estufa (f)	оранжерея (ж)	[oranʒeréja]
gramado (m)	газон (м)	[gazón]
canteiro (m) de flores	клумба (ж)	[klúmba]

planta (f)	растение (с)	[rasténie]
grama (f)	трава (ж)	[travá]
folha (f) de grama	травинка (ж)	[travínka]

folha (f)	лист (м)	[líst]
pétala (f)	лепесток (м)	[lepestók]
talo (m)	стебель (м)	[stébelʲ]
tubérculo (m)	клубень (м)	[klúbenʲ]

| broto, rebento (m) | росток (м) | [rostók] |
| espinho (m) | шип (м) | [ʃĩp] |

florescer (vi)	цвести (нсв, нпх)	[tsvestí]
murchar (vi)	вянуть (нсв, нпх)	[vʲánutʲ]
cheiro (m)	запах (м)	[zápah]
cortar (flores)	срезать (св, пх)	[srézatʲ]
colher (uma flor)	сорвать (св, пх)	[sorvátʲ]

191. Cereais, grãos

grão (m)	зерно (с)	[zernó]
cereais (plantas)	зерновые растения (с мн)	[zernovīe rasténija]
espiga (f)	колос (м)	[kólos]

trigo (m)	пшеница (ж)	[pʃɛnítsa]
centeio (m)	рожь (ж)	[róʃ]
aveia (f)	овёс (м)	[ovǿs]
painço (m)	просо (с)	[próso]
cevada (f)	ячмень (м)	[jɪtʃménʲ]

milho (m)	кукуруза (ж)	[kukurúza]
arroz (m)	рис (м)	[rís]
trigo-sarraceno (m)	гречиха (ж)	[gretʃíha]

ervilha (f)	горох (м)	[goróh]
feijão (m) roxo	фасоль (ж)	[fasólʲ]
soja (f)	соя (ж)	[sója]
lentilha (f)	чечевица (ж)	[tʃetʃevítsa]
feijão (m)	бобы (мн)	[bobī]

GEOGRAFIA REGIONAL

Países. Nacionalidades

política (f)	политика (ж)	[political]
político (adj)	политический	[politítʃeskij]
político (m)	политик (м)	[politik]
estado (m)	государство (c)	[gɔsudárstvɔ]
cidadão (m)	гражданин (м)	[graʒdanín]
cidadania (f)	гражданство (c)	[graʒdánstvɔ]
brasão (m) de armas	национальный герб (м)	[natsiɔnálʲnij gérb]
hino (m) nacional	государственный гимн (м)	[gɔsudárstvenij gímn]
governo (m)	правительство (c)	[pravítelʲstvɔ]
Chefe (m) de Estado	руководитель (м) страны	[rukɔvɔdítelʲ straní]
parlamento (m)	парламент (м)	[parláment]
partido (m)	партия (ж)	[pártija]
capitalismo (m)	капитализм (м)	[kapitalízm]
capitalista (adj)	капиталистический	[kapitalistítʃeskij]
socialismo (m)	социализм (м)	[sɔtsialízm]
socialista (adj)	социалистический	[sɔtsialistítʃeskij]
comunismo (m)	коммунизм (м)	[kɔmunízm]
comunista (adj)	коммунистический	[kɔmunistítʃeskij]
comunista (m)	коммунист (м)	[kɔmuníst]
democracia (f)	демократия (ж)	[demɔkrátija]
democrata (m)	демократ (м)	[demɔkrát]
democrático (adj)	демократический	[demɔkratítʃeskij]
Partido (m) Democrático	демократическая партия (ж)	[demɔkratítʃeskaja pártija]
liberal (m)	либерал (м)	[liberál]
liberal (adj)	либеральный	[liberálʲnij]
conservador (m)	консерватор (м)	[kɔnservátɔr]
conservador (adj)	консервативный	[kɔnservatívnij]
república (f)	республика (ж)	[respúblika]
republicano (m)	республиканец (м)	[respublikánets]
Partido (m) Republicano	республиканская партия (ж)	[respublikánskaja pártija]
eleições (f pl)	выборы (мн)	[víbɔri]

eleger (vt)	выбирать (нсв, пх)	[vɨbirátʲ]
eleitor (m)	избиратель (м)	[izbirátelʲ]
campanha (f) eleitoral	избирательная кампания (ж)	[izbirátelʲnaja kampánija]

votação (f)	голосование (с)	[gɔlɔsɔvánie]
votar (vi)	голосовать (нсв, нпх)	[gɔlɔsɔvátʲ]
sufrágio (m)	право (с) голоса	[právɔ gólɔsa]

candidato (m)	кандидат (м)	[kandidát]
candidatar-se (vi)	баллотироваться (нсв, возв)	[balɔtírɔvatsa]
campanha (f)	кампания (ж)	[kampánija]

| da oposição | оппозиционный | [ɔpɔzɨtsɨónnɨj] |
| oposição (f) | оппозиция (ж) | [ɔpɔzítsɨja] |

visita (f)	визит (м)	[vizít]
visita (f) oficial	официальный визит (м)	[ɔfɨtsɨálʲnɨj vizít]
internacional (adj)	международный	[meʒdunaródnɨj]

| negociações (f pl) | переговоры (мн) | [peregɔvóri] |
| negociar (vi) | вести переговоры | [vestí peregɔvóri] |

193. Política. Governo. Parte 2

sociedade (f)	общество (с)	[ópʃestvɔ]
constituição (f)	конституция (ж)	[kɔnstitútsija]
poder (ir para o ~)	власть (ж)	[vlástʲ]
corrupção (f)	коррупция (ж)	[kɔrúptsija]

| lei (f) | закон (м) | [zakón] |
| legal (adj) | законный | [zakónnɨj] |

| justeza (f) | справедливость (ж) | [spravedlívɔstʲ] |
| justo (adj) | справедливый | [spravedlívɨj] |

comitê (m)	комитет (м)	[kɔmitét]
projeto-lei (m)	законопроект (м)	[zakónɔ·prɔǽkt]
orçamento (m)	бюджет (м)	[bʲudʒǽt]
política (f)	политика (ж)	[pɔlítika]
reforma (f)	реформа (ж)	[refórma]
radical (adj)	радикальный	[radikálʲnɨj]

força (f)	сила (ж)	[síla]
poderoso (adj)	сильный	[sílʲnɨj]
partidário (m)	сторонник (м)	[stɔrónnik]
influência (f)	влияние (с)	[vlijánie]

regime (m)	режим (м)	[reʒĩm]
conflito (m)	конфликт (м)	[kɔnflíkt]
conspiração (f)	заговор (м)	[zágovɔr]
provocação (f)	провокация (ж)	[prɔvɔkátsija]
derrubar (vt)	свергнуть (св, пх)	[svérgnutʲ]
derrube (m), queda (f)	свержение (с)	[sverʒǽnie]

revolução (f)	революция (ж)	[revɔlʲútsija]
golpe (m) de Estado	переворот (м)	[perevɔrót]
golpe (m) militar	военный переворот (м)	[vɔénnij perevɔrót]

crise (f)	кризис (м)	[krízis]
recessão (f) econômica	экономический спад (м)	[ɛkɔnɔmítʃeskij spád]
manifestante (m)	демонстрант (м)	[demɔnstránt]
manifestação (f)	демонстрация (ж)	[demɔnstrátsija]
lei (f) marcial	военное положение (с)	[vɔénnɔe pɔlɔʒǽnie]
base (f) militar	военная база (ж)	[vɔénnaja báza]

estabilidade (f)	стабильность (ж)	[stabílʲnɔstʲ]
estável (adj)	стабильный	[stabílʲnij]

exploração (f)	эксплуатация (ж)	[ɛkspluatátsija]
explorar (vt)	эксплуатировать (нсв, пх)	[ɛkspluatírɔvatʲ]

racismo (m)	расизм (м)	[rasízm]
racista (m)	расист (м)	[rasíst]
fascismo (m)	фашизм (м)	[faʃízm]
fascista (m)	фашист (м)	[faʃíst]

194. Países. Diversos

estrangeiro (m)	иностранец (м)	[inɔstránets]
estrangeiro (adj)	иностранный	[inɔstránnij]
no estrangeiro	за границей	[za granítsɛj]

emigrante (m)	эмигрант (м)	[ɛmigránt]
emigração (f)	эмиграция (ж)	[ɛmigrátsija]
emigrar (vi)	эмигрировать (н/св, нпх)	[ɛmigrírɔvatʲ]

Ocidente (m)	Запад (м)	[západ]
Oriente (m)	Восток (м)	[vɔstók]
Extremo Oriente (m)	Дальний Восток (м)	[dálʲnij vɔstók]

civilização (f)	цивилизация (ж)	[tsivilizátsija]
humanidade (f)	человечество (с)	[tʃelɔvétʃestvɔ]
mundo (m)	мир (м)	[mír]
paz (f)	мир (м)	[mír]
mundial (adj)	мировой	[mirɔvój]

pátria (f)	родина (ж)	[ródina]
povo (população)	народ (м)	[naród]
população (f)	население (с)	[naselénie]
gente (f)	люди (м мн)	[lʲúdi]
nação (f)	нация (ж)	[nátsija]
geração (f)	поколение (с)	[pɔkɔlénie]

território (m)	территория (ж)	[teritórija]
região (f)	регион (м)	[región]
estado (m)	штат (м)	[ʃtát]
tradição (f)	традиция (ж)	[tradítsija]
costume (m)	обычай (м)	[ɔbītʃaj]

ecologia (f)	экология (ж)	[ɛkɔlógija]
índio (m)	индеец (м)	[indéets]
cigano (m)	цыган (м)	[tsigán]
cigana (f)	цыганка (ж)	[tsigánka]
cigano (adj)	цыганский	[tsigánskij]
império (m)	империя (ж)	[impérija]
colônia (f)	колония (ж)	[kɔlónija]
escravidão (f)	рабство (с)	[rábstvɔ]
invasão (f)	нашествие (с)	[naʃǽstvie]
fome (f)	голод (м)	[gólɔd]

195. Grupos religiosos mais importantes. Confissões

religião (f)	религия (ж)	[relígija]
religioso (adj)	религиозный	[religióznɨj]
crença (f)	верование (с)	[vérɔvanie]
crer (vt)	верить (нсв, пх)	[véritʲ]
crente (m)	верующий (м)	[vérujuʃʲij]
ateísmo (m)	атеизм (м)	[atɛízm]
ateu (m)	атеист (м)	[atɛíst]
cristianismo (m)	христианство (с)	[hristiánstvɔ]
cristão (m)	христианин (м)	[hristianín]
cristão (adj)	христианский	[hristiánskij]
catolicismo (m)	Католицизм (м)	[kɛtɔlitsízm]
católico (m)	католик (м)	[katólik]
católico (adj)	католический	[katɔlítʃeskij]
protestantismo (m)	Протестантство (с)	[prɔtestántstvɔ]
Igreja (f) Protestante	Протестантская церковь (ж)	[prɔtestánskaja tsǽrkɔfʲ]
protestante (m)	протестант (м)	[prɔtestánt]
ortodoxia (f)	Православие (с)	[pravɔslávie]
Igreja (f) Ortodoxa	Православная церковь (ж)	[pravɔslávnaja tsǽrkɔfʲ]
ortodoxo (m)	православный (м)	[pravɔslávnɨj]
presbiterianismo (m)	Пресвитерианство (с)	[presviteriánstvɔ]
Igreja (f) Presbiteriana	Пресвитерианская церковь (ж)	[presviteriánskaja tsǽrkɔfʲ]
presbiteriano (m)	пресвитерианин (м)	[presviteriánin]
luteranismo (m)	Лютеранская церковь (ж)	[lʲuteránskaja tsǽrkɔfʲ]
luterano (m)	лютеранин (м)	[lʲuteránin]
Igreja (f) Batista	Баптизм (м)	[baptízm]
batista (m)	баптист (м)	[baptíst]
Igreja (f) Anglicana	Англиканская церковь (ж)	[anglikánskaja tsǽrkɔfʲ]
anglicano (m)	англиканин (м)	[anglikánin]

mormonismo (m)	Мормонство (c)	[mɔrmónstvɔ]
mórmon (m)	мормон (м)	[mɔrmón]
Judaísmo (m)	Иудаизм (м)	[iudaízm]
judeu (m)	иудей (м)	[iudéj]
budismo (m)	Буддизм (м)	[budízm]
budista (m)	буддист (м)	[budíst]
hinduísmo (m)	Индуизм (м)	[induízm]
hindu (m)	индуист (м)	[induíst]
Islã (m)	Ислам (м)	[islám]
muçulmano (m)	мусульманин (м)	[musulʲmánin]
muçulmano (adj)	мусульманский	[musulʲmánskij]
xiismo (m)	Шиизм (м)	[ʃiízm]
xiita (m)	шиит (м)	[ʃiít]
sunismo (m)	Суннизм (м)	[sunízm]
sunita (m)	суннит (м)	[sunít]

196. Religiões. Padres

padre (m)	священник (м)	[svɪʃénik]
Papa (m)	Папа Римский (м)	[pápa rímskij]
monge (m)	монах (м)	[mɔnáh]
freira (f)	монахиня (ж)	[mɔnáhinʲa]
pastor (m)	пастор (м)	[pástɔr]
abade (m)	аббат (м)	[abát]
vigário (m)	викарий (м)	[vikárij]
bispo (m)	епископ (м)	[epískɔp]
cardeal (m)	кардинал (м)	[kardinál]
pregador (m)	проповедник (м)	[prɔpɔvédnik]
sermão (m)	проповедь (ж)	[própɔvetʲ]
paroquianos (pl)	прихожане (мн)	[prihɔʒáne]
crente (m)	верующий (м)	[vérujuʃij]
ateu (m)	атеист (м)	[atɛíst]

197. Fé. Cristianismo. Islão

Adão	Адам (м)	[adám]
Eva	Ева (ж)	[éva]
Deus (m)	Бог (м)	[bóh]
Senhor (m)	Господь (м)	[gɔspótʲ]
Todo Poderoso (m)	Всемогущий (м)	[fsemɔgúʃij]
pecado (m)	грех (м)	[gréh]

pecar (vi)	грешить (нсв, нпх)	[greʃítʲ]
pecador (m)	грешник (м)	[gréʃnik]
pecadora (f)	грешница (ж)	[gréʃnitsa]

| inferno (m) | ад (м) | [ád] |
| paraíso (m) | рай (м) | [ráj] |

| Jesus | Иисус (м) | [iisús] |
| Jesus Cristo | Иисус Христос (м) | [iisús hristós] |

Espírito (m) Santo	Святой Дух (м)	[svɪtój dúh]
Salvador (m)	Спаситель (м)	[spasítelʲ]
Virgem Maria (f)	Богородица (ж)	[bɔgɔróditsa]

Diabo (m)	Дьявол (м)	[djávɔl]
diabólico (adj)	дьявольский	[djávɔlʲskij]
Satanás (m)	Сатана (ж)	[sataná]
satânico (adj)	сатанинский	[satanínskij]

anjo (m)	ангел (м)	[ángel]
anjo (m) da guarda	ангел-хранитель (м)	[ángel-hranítelʲ]
angelical	ангельский	[ángelʲskij]

apóstolo (m)	апостол (м)	[apóstɔl]
arcanjo (m)	архангел (м)	[arhángel]
anticristo (m)	антихрист (м)	[antíhrist]

Igreja (f)	Церковь (ж)	[tsǽrkɔfʲ]
Bíblia (f)	библия (ж)	[bíblija]
bíblico (adj)	библейский	[bibléjskij]

Velho Testamento (m)	Ветхий Завет (м)	[vétxij zavét]
Novo Testamento (m)	Новый Завет (м)	[nóvij zavét]
Evangelho (m)	Евангелие (с)	[evángelie]
Sagradas Escrituras (f pl)	Священное Писание (с)	[svɪʃénɔe pisánie]
Céu (sete céus)	Царство (с) Небесное	[tsárstvɔ nebésnɔe]

mandamento (m)	заповедь (ж)	[zápɔvetʲ]
profeta (m)	пророк (м)	[prɔrók]
profecia (f)	пророчество (с)	[prɔrótʃestvɔ]

Alá (m)	Аллах (м)	[aláh]
Maomé (m)	Мухаммед (м)	[muhámmed]
Alcorão (m)	Коран (м)	[kɔrán]

mesquita (f)	мечеть (ж)	[metʃétʲ]
mulá (m)	мулла (ж)	[mulá]
oração (f)	молитва (ж)	[mɔlítva]
rezar, orar (vi)	молиться (нсв, возв)	[mɔlítsa]

peregrinação (f)	паломничество (с)	[palómnitʃestvɔ]
peregrino (m)	паломник (м)	[palómnik]
Meca (f)	Мекка (ж)	[mékka]

| igreja (f) | церковь (ж) | [tsǽrkɔfʲ] |
| templo (m) | храм (м) | [hrám] |

catedral (f)	собор (м)	[sɔbór]
gótico (adj)	готический	[gɔtítʃeskij]
sinagoga (f)	синагога (ж)	[sinagóga]
mesquita (f)	мечеть (ж)	[metʃétʲ]

capela (f)	часовня (ж)	[tʃasóvnʲa]
abadia (f)	аббатство (c)	[abátstvɔ]
convento (m)	монастырь (м)	[mɔnastīrʲ]
monastério (m)	монастырь (м)	[mɔnastīrʲ]

sino (m)	колокол (м)	[kólɔkɔl]
campanário (m)	колокольня (ж)	[kɔlɔkólʲnʲa]
repicar (vi)	звонить (нсв, нпх)	[zvɔnítʲ]

cruz (f)	крест (м)	[krést]
cúpula (f)	купол (м)	[kúpɔl]
ícone (m)	икона (ж)	[ikóna]

alma (f)	душа (ж)	[duʃá]
destino (m)	судьба (ж)	[sutʲbá]
mal (m)	зло (c)	[zló]
bem (m)	добро (c)	[dɔbró]

vampiro (m)	вампир (м)	[vampír]
bruxa (f)	ведьма (ж)	[védʲma]
demônio (m)	демон (м)	[démɔn]
espírito (m)	дух (м)	[dúh]

| redenção (f) | искупление (c) | [iskuplénie] |
| redimir (vt) | искупить (св, пх) | [iskupítʲ] |

missa (f)	служба (ж)	[slúʒba]
celebrar a missa	служить (нсв, нпх)	[sluʒítʲ]
confissão (f)	исповедь (ж)	[íspɔvetʲ]
confessar-se (vr)	исповедоваться (н/св, возв)	[ispɔvédɔvatsa]

santo (m)	святой (м)	[svɪtój]
sagrado (adj)	священный	[svɪʃénʲij]
água (f) benta	святая вода (ж)	[svɪtája vɔdá]

ritual (m)	ритуал (м)	[rituál]
ritual (adj)	ритуальный	[rituálʲnʲij]
sacrifício (m)	жертвоприношение (c)	[ʒértvɔ·prinɔʃǽnie]

superstição (f)	суеверие (c)	[suevérie]
supersticioso (adj)	суеверный	[suevérnʲij]
vida (f) após a morte	загробная жизнь (ж)	[zagróbnaja ʒīznʲ]
vida (f) eterna	вечная жизнь (ж)	[vétʃnaja ʒīznʲ]

TEMAS DIVERSOS

198. Várias palavras úteis

ajuda (f)	помощь (ж)	[pómoʃ]
barreira (f)	преграда (ж)	[pregráda]
base (f)	база (ж)	[báza]
categoria (f)	категория (ж)	[kategórija]
causa (f)	причина (ж)	[priʧína]
coincidência (f)	совпадение (с)	[sɔfpadénie]
coisa (f)	вещь (ж)	[véʃ]
começo, início (m)	начало (с)	[naʧálɔ]
cômodo (ex. poltrona ~a)	удобный	[udóbnij]
comparação (f)	сравнение (с)	[sravnénie]
compensação (f)	компенсация (ж)	[kɔmpensátsija]
crescimento (m)	рост (м)	[róst]
desenvolvimento (m)	развитие (с)	[razvítie]
diferença (f)	различие (с)	[razlíʧie]
efeito (m)	эффект (м)	[ɛfékt]
elemento (m)	элемент (м)	[ɛlemént]
equilíbrio (m)	баланс (м)	[baláns]
erro (m)	ошибка (ж)	[ɔʃípka]
esforço (m)	усилие (с)	[usílie]
estilo (m)	стиль (м)	[stílʲ]
exemplo (m)	пример (м)	[primér]
fato (m)	факт (м)	[fákt]
fim (m)	окончание (с)	[ɔkɔnʧánie]
forma (f)	форма (ж)	[fórma]
frequente (adj)	частый	[ʧástij]
fundo (ex. ~ verde)	фон (м)	[fón]
gênero (tipo)	вид (м)	[víd]
grau (m)	степень (ж)	[stépenʲ]
ideal (m)	идеал (м)	[ideál]
labirinto (m)	лабиринт (м)	[labirínt]
modo (m)	способ (м)	[spósɔb]
momento (m)	момент (м)	[mɔmént]
objeto (m)	объект (м)	[ɔbjékt]
obstáculo (m)	препятствие (с)	[prepʲátstvie]
original (m)	оригинал (м)	[ɔriginál]
padrão (adj)	стандартный	[standártnij]
padrão (m)	стандарт (м)	[standárt]
paragem (pausa)	остановка (ж)	[ɔstanófka]
parte (f)	часть (ж)	[ʧástʲ]

partícula (f)	частица (ж)	[ʧastítsa]
pausa (f)	пауза (ж)	[páuza]
posição (f)	позиция (ж)	[pɔzíʦija]
princípio (m)	принцип (м)	[prínʦip]
problema (m)	проблема (ж)	[prɔbléma]
processo (m)	процесс (м)	[prɔʦǽs]
progresso (m)	прогресс (м)	[prɔgrǽs]
propriedade (qualidade)	свойство (с)	[svójstvɔ]
reação (f)	реакция (ж)	[reákʦija]
risco (m)	риск (м)	[rísk]
ritmo (m)	темп (м)	[tǽmp]
segredo (m)	тайна (ж)	[tájna]
série (f)	серия (ж)	[sérija]
sistema (m)	система (ж)	[sistéma]
situação (f)	ситуация (ж)	[situáʦija]
solução (f)	решение (с)	[reʃǽnie]
tabela (f)	таблица (ж)	[tablíʦa]
termo (ex. ~ técnico)	термин (м)	[términ]
tipo (m)	тип (м)	[típ]
urgente (adj)	срочный	[sróʧnij]
urgentemente	срочно	[sróʧnɔ]
utilidade (f)	польза (ж)	[pólʲza]
variante (f)	вариант (м)	[variánt]
variedade (f)	выбор (м)	[vībɔr]
verdade (f)	истина (ж)	[ístina]
vez (f)	очередь (ж)	[óʧeretʲ]
zona (f)	зона (ж)	[zóna]

www.ingramcontent.com/pod-product-compliance
Lightning Source LLC
Chambersburg PA
CBHW071339090426

42738CB00012B/2945